Das Problem der Ahndung von Einsatzgruppenverbrechen
durch die bundesdeutsche Justiz

BEITRÄGE ZUR AUFARBEITUNG DER NS-HERRSCHAFT

Herausgegeben von Joachim Perels

BAND 4

PETER LANG
EDITION

Bettina Nehmer

Das Problem der Ahndung von Einsatzgruppenverbrechen durch die bundesdeutsche Justiz

Bibliografische Information der Deutschen Nationalbibliothek
Die Deutsche Nationalbibliothek verzeichnet diese Publikation
in der Deutschen Nationalbibliografie; detaillierte bibliografische
Daten sind im Internet über http://dnb.d-nb.de abrufbar.

Gedruckt auf alterungsbeständigem,
säurefreiem Papier.

ISSN 2192-7189
ISBN 978-3-631-66481-0 (Print)
E-ISBN 978-3-653-05724-9 (E-Book)
DOI 10.3726/978-3-653-05724-9

© Peter Lang GmbH
Internationaler Verlag der Wissenschaften
Frankfurt am Main 2015
Alle Rechte vorbehalten.
Peter Lang Edition ist ein Imprint der Peter Lang GmbH.

Peter Lang – Frankfurt am Main · Bern · Bruxelles ·
New York · Oxford · Warszawa · Wien

Diese Publikation wurde begutachtet.

www.peterlang.com

Inhaltsverzeichnis

I Einleitung

Verurteilt wegen Beihilfe zum Mord in 526 Fällen zu einer Zuchthausstrafe von 3 Jahren und 6 Monaten[1]. Dieses ist nur ein Beispiel aus der Vielzahl von ergangenen Urteilen gegen Einsatzgruppenverbrecher, in denen hundertfache Mörder lediglich als Gehilfen und nicht als Täter verurteilt und zudem noch mit äußerst milden Strafen belegt worden sind.

Bei der Betrachtung von Prozessen gegen Einsatzgruppenverbrecher vor bundesdeutschen Gerichten ist zu beobachten, dass die Richter dazu neigten, diese Tätergruppe über die Maßen zu exkulpieren. Dabei war die Abgrenzung von Täterschaft und Beihilfe das entscheidende Kriterium zur Urteilsfindung. Die Mehrzahl der Gerichte folgte in der rechtlichen Würdigung der Einsatzgruppenverbrechen der subjektiven Teilnahmelehre, die sich an der inneren Einstellung des Beschuldigten zur Tat orientiert, und verurteilte die Beschuldigten, die angeblich kein eigenes Interesse an ihren Taten hatten, als Gehilfen. Demgegenüber gab es nur wenige Urteile, in denen die Angeklagten als Täter angesehen wurden.

Obwohl bezüglich der juristischen Aufarbeitung für die Gesamtheit der NS-Gewaltverbrechen eine Vielzahl von wissenschaftlichen Untersuchungen vorliegen, bedarf es für den Bereich der Einsatzgruppenjudikatur einer detaillierten Darstellung. Ich hoffe, dieses Forschungsdefizit mit meinen Ausführungen zumindest teilweise begleichen zu können.

In der vorliegenden Studie stehen sowohl die statistische Auswertung als auch die Sachanalyse von Urteilen gegen Einsatzgruppenverbrecher im Mittelpunkt. Hierdurch soll zum einen bewiesen werden, dass tatsächlich die Mehrzahl der ehemaligen Angehörigen von Einsatzgruppen milde Richter gefunden hat und zum anderen soll das juristische Instrumentarium offengelegt werden, mit dem die Gerichte ihre milden Strafen legitimieren konnten. Um dies zu erreichen, werden die Hauptargumentationsstränge der Gerichte anhand von Fallbeispielen herausgearbeitet.

Um die Dimension und die Bedeutung der Einsatzgruppenjudikatur vollständig erfassen zu können, soll zunächst in Kapitel II ein historischer Rückblick auf die Einsatzgruppen gegeben werden, der das fürchterliche und für den mensch-

---

1 Urteil des Schwurgerichts des LG Ulm gegen den Angeklagten Sakuth, abgedruckt bei C.F. Rüter u. a. (Hrsg.), Justiz und NS-Verbrechen – Sammlung deutscher Strafurteile wegen nationalsozialistischer Tötungsverbrechen 1945–1966, Amsterdam 1968–1981, Bd. XV, Lfd. Nr. 465, S. 1 ff.

lichen Verstand kaum fassbare Ausmaß der Verbrechen dieser Mordkommandos aufzeigen wird. Im Anschluss daran wird in Kapitel III der erste Prozess gegen Einsatzgruppenverbrecher vorgestellt, der in Nürnberg vor dem amerikanischen Militärgerichtshof stattfand. An dieser Stelle gehe ich, nachdem das Kontrollratsgesetz Nr. 10 als Rechtsgrundlage des Prozesses vorgestellt worden ist, vor allem auf die Strafen, die über die Angeklagten verhängt worden sind, und die Urteilsbegründung des Gerichts ein. Dieses Urteil steht in einem krassen Gegensatz zu der Urteilspraxis der bundesdeutschen Gerichte, denn die Angeklagten wurden ausnahmslos als Täter angesehen und zum Teil sogar zum Tode verurteilt.

Das anschließende Kapitel IV beinhaltet den Hauptteil der vorliegenden Arbeit, nämlich die Prozesse gegen Einsatzgruppenverbrecher vor bundesdeutschen Gerichten. Nach einem kurzen Abriss der Wiedereinsetzung der deutschen Justiz und der Bedeutung der Zentralen Stelle der Landesjustizverwaltungen für die Verfolgung und Ahndung von NS-Verbrechen folgt eine Erläuterung zu den rechtlichen Bestimmungen, die zur Aburteilung von Einsatzgruppenverbrechern bedeutsam sind. Daran anschließend erfolgt die statistische Auswertung, die sich an der Anzahl der Prozesse und Angeklagten, dem rechtlichen Gesichtspunkt des Urteils und den Strafhöhen in den Fällen von Beihilfe orientiert.

In der darauffolgenden Sachanalyse ausgewählter Urteile nehme ich eine Einteilung in Urteils-Kategorien vor. Kriterium der Zuordnung ist dabei, ob die Richter auf Täterschaft oder Beihilfe erkannten. Innerhalb der Fälle von Beihilfe wird nach der Höhe der Strafzumessung differenziert. Mittels dieser Vorgehensweise sollen die unterschiedlichen Hauptargumente der Gerichte in der jeweiligen Urteils-Kategorie herausgearbeitet werden. Dadurch wird versucht, zu verdeutlichen, wie sich der Wandel von der konsequenten Verurteilung der Beschuldigten als Täter, hin zur völligen Exkulpation hundertfacher Mörder in den Urteilsbegründungen widerspiegelt. Wesentliche Kriterien für die Analyse der Urteile sind:

1. Wie nahmen die Gerichte die Abgrenzung von Täterschaft und Beihilfe vor?
2. Die Strafzumessung
3. Konnten Schuldausschließungsgründe geltend gemacht werden?

Das auf die Analyse der Urteile folgende Kapitel V stellt den rechtstheoretischen Hintergrund der Einsatzgruppenjudikatur vor.

Es werden zwei Theorien angeführt, die sich in der Lehre zur Abgrenzung von Täterschaft und Beihilfe entwickelten, die subjektive und die materiell-objektive Abgrenzungstheorie. Näher eingegangen wird von mir auf die subjektive Abgrenzungstheorie. Sie fand ihre Anwendung in der Rechtsprechung, bevor die Gerichte die Verbrechen der Einsatzgruppen zu ahnden hatten. Anhand von zwei Beispielfällen, dem Badewannen-Urteil des Reichsgerichts[2] und dem Staschynskij-Urteil des BGH[3], soll verdeutlicht werden, wie die bundesdeutschen Gerichte die subjektive Theorie auslegten und auf Einsatzgruppenverbrecher anwandten. Da dies zu äußerst milden Urteilen führte, muss unweigerlich eine Kritik an der subjektiven Teilnahmelehre folgen.

Im letzten Teil (VI) der vorliegenden Studie ziehe ich ein Fazit betreffs der Gesamtheit der Einsatzgruppenjudikatur und ihrer Bedeutung im gesellschaftlichen Zusammenhang.

---

2 RGSt 74, 85.
3 BGHSt 18, 87.

II Die Einsatzgruppen der Sicherheitspolizei und des SD

1. Die Anfänge

Sonderkommandos in Form von mobilen Einheiten der Sicherheitspolizei und des SD sind bereits beim „Anschluss" Österreichs an Deutschland im März 1938 eingesetzt worden[1]. Ihre Aufgaben bestanden hauptsächlich in der Durchführung sicherheitspolizeilicher Maßnahmen, was faktisch die Verhaftung von politischen Gegnern und Juden bedeutete. Mordaktionen der mobilen Einheiten waren zu diesem Zeitpunkt eher vereinzelt zu verzeichnen und noch nicht mit der späteren systematischen Mordmaschinerie, wie sie die Einsatzgruppen in Polen und Russland darstellten, zu vergleichen. Schon wenige Tage nach dem Einmarsch in Österreich wurden die Sonderkommandos von stationären Dienststellen[2] abgelöst.

Die Begriffe „Einsatzgruppe" und „Einsatzkommando" tauchen zum ersten Mal im Zusammenhang mit der Besetzung der Sudetengebiete auf. Ende Juni 1938 wurden im SD-Hauptamt Pläne für einen erneuten Einsatz von Sonderformationen, ähnlich denen beim „Anschluss" Österreichs, für den Fall eines Einmarsches in die Tschechoslowakei ausgearbeitet. Demnach sollte der SD den in die Tschechoslowakei einmarschierenden deutschen Truppen möglichst unmittelbar folgen und „analog seinen Aufgaben im Reich die Sicherung des politischen Lebens" übernehmen.[3] Urkundlich erwähnt wird die Bezeichnung „Einsatzgruppe" erstmalig in dem „Vorschlag für den Einsatz der Geheimen Staatspolizei und des Sicherheitsdienstes des Reichsführers SS für den Fall einer Besetzung des gesamten Gebietes Böhmen-Mähren-Schlesien" vom 29. September 1938.[4] Darin wurde vorgesehen, sieben leitende Einsatzkommandos, im Rahmen der aufgestellten Einsatzgruppen „Dresden" und „Wien", mit insgesamt 11 örtlichen Kommandos zu bilden. Die beiden Einsatzgruppen sollten unter der Leitung von SS-Oberführer Oberregierungsrat Jost und SS-Standartenführer Regierungsdirektor Stahlecker in Prag und Brünn jeweils einen Haupteinsatzstab errichten.[5]

---

1 Vgl. Helmut Krausnick/ Hans-Heinrich Wilhelm, Die Truppe des Weltanschauungskrieges – Die Einsatzgruppen der Sicherheitspolizei und des SD 1938–1942, Stuttgart 1981, S. 19.

2 Gestapo, Kripo und SD.

3 Zitiert nach Krausnick/Wilhelm, a. a. O., S. 21.

4 Vgl. Heinz Artzt, Mörder in Uniform, München 1979, S. 51.

5 Vgl. Krausnick/Wilhelm a. a. O., S. 22.

Dem Erlass des Geheimen Staatspolizeiamts in Berlin vom 5. Oktober 1938 sind die Aufgaben der genannten Einsatzkommandos zu entnehmen. Danach hatten diese alle Aufgaben wahrzunehmen, die denen einer Stapostelle in ihrem Bezirk entsprachen, vordringlich aber durchzuführen:

„– die Sicherung der neuen Ordnung gegen jeden Angriff und jede Störung,
– die Festnahme aller als reichsfeindlich bekannten Personen,
– die Sicherstellung aller schriftlichen u. ä. Unterlagen der bisherigen Tätigkeit reichfeindlicher Personen und Einrichtungen,
– die Auflösung reichsfeindlicher oder zu reichsfeindlichen Zwecken benutzter Einrichtungen,
– die Besetzung aller Diensträume der tschechischen Staatspolizei und Kriminalpolizei sowie aller für staatspolizeiliche und kriminalpolizeiliche Zwecke dienenden Einrichtungen (z. B. für Post- und Fernsprechüberwachungen usw.).“[6]

Diese Richtlinien führten zu umfangreichen Verhaftungen von politischen Gegnern in den nach der Münchner Konferenz (29. September 1938) von der Tschechoslowakei abgetretenen Gebieten. Ob es auch zu Tötungsaktionen durch die Einsatzkommandos kam, ist aufgrund der unzureichenden Quellenlage nicht zu ermitteln.[7]

Auch beim Einmarsch in die Rest-Tschechoslowakei am 15. März 1939 kamen erneut Einsatzgruppen zur Verwendung. Es wurden eine „Einsatzgruppe I Prag" und eine „Einsatzgruppe II Brünn" gebildet. Der Einsatzgruppe Prag unterstanden vier Einsatzkommandos in Budweis, Prag, Kolin und Pardubitz und der Einsatzgruppe Brünn drei Einsatzkommandos in Olmütz, Brünn und Zlin. Außerdem bestand ein „Sonderkommando Pilsen". Reinhard Heydrich, der Chef der Sicherheitspolizei und des SD, umschrieb die Aufgaben der gebildeten Einsatzgruppen als „vorbeugende Maßnahmen, um politisch-weltanschaulich die Sicherung dieser neuen Räume... zu übernehmen."[8] Dies zog eine Welle von Verhaftungen von vor allem deutschen Emigranten und tschechischen Kommunisten nach sich. Im Sudetenland und auch im „Protektorat Böhmen und Mähren" wurden die Einsatzgruppen jeweils nach einigen Tagen durch stationäre Dienststellen von Gestapo, Kripo und SD abgelöst.[9]

---

6   Zitiert nach Krausnick/Wilhelm, a. a. O., S. 23.
7   Ebd., S. 24. Wenn es zu Tötungsaktionen durch die Einsatzgruppen kam, so waren diese, ebenso wie in Österreich, vereinzelt und nicht Bestandteil einer geplanten Aktion, wie später in Polen und Russland.
8   Zitiert nach Krausnick/Wilhelm, a. a. O., S. 25; Heydrich wurde am 27. Mai 1942 bei einem Attentat in Prag tödlich verletzt und erlag am 4. Juni 1942 seinen Verletzungen. Sein Nachfolger wurde Ernst Kaltenbrunner.
9   Vgl. Artzt, a. a. O., S. 51.

2. Das „Unternehmen Tannenberg"

Nachdem die Einsatzgruppen ihre „Generalprobe" in Österreich und der Tschechoslowakei bestanden hatten, sollten sie Hitler beim Überfall auf Polen (1. September 1939) zur Durchsetzung seiner weltanschaulichen Ziele dienen und „nunmehr Führungsfunktionen bei der Erfüllung besonderer Aufträge im Rahmen der blutigen Niederwerfung des polnischen Staates und Volkes übernehmen."[10]

Die nationalsozialistische Führung ließ keinen Zweifel daran, dass es ihr beim Angriff auf Polen nicht nur auf die militärische Niederwerfung des Gegners ankam, sondern auf die staatliche Auflösung des Landes, verbunden mit einer vollständigen territorialen „Neuordnung" und der physischen Vernichtung des polnischen Volkes. In einer Geheimkonferenz mit den Heeresgruppen- und Armeeführern am 22.8.1939 äußerte sich Hitler zur „Lösung der Ostfrage". Sie erfordere die „Vernichtung Polens, die Beseitigung seiner lebendigen Kraft. Es handele sich nicht um das Erreichen einer bestimmten Linie oder einer neuen Grenze, sondern um die Vernichtung des Feindes. Deshalb habe auch die Durchführung hart und rücksichtslos zu geschehen."[11] Um diese Ziele zu erreichen, sollte die „physische Vernichtung der Bevölkerung polnischer Abstammung"[12] durchgeführt werden. Um dieses verbrecherische und unmenschliche Vorhaben zu verwirklichen, wurden erneut Einsatzgruppen gebildet.

Unter der Tarnbezeichnung „Unternehmen Tannenberg" wurden Ende August 1939 fünf Einsatzgruppen mit Vertretern aus SD, Gestapo und Kriminalpolizei in einer Stärke von zusammen 2700 Mann[13] in Wien, Oppeln, Breslau, Dramburg und Allenstein aufgestellt und nach ihren Aufstellungsorten bezeichnet. Später wurden ihnen die Nummern I-V gegeben. Nach Beginn des Einmarsches wurden zusätzlich die Einsatzgruppe VI, die Einsatzgruppe „zur besonderen Verfügung" und das Einsatzkommando 16 gebildet.[14] Jede der Einsatzgruppen I-VI bestand aus zwei bis vier Einsatzkommandos. Die zu erfüllenden Aufgaben wurden Ende August 1939 in den „Richtlinien für den auswärtigen Einsatz der Sicherheitspolizei und des SD" festgelegt. Demzufolge

---

10 Krausnick/Wilhelm, a. a. O., S. 36.
11 Zitiert nach Martin Broszat, Nationalsozialistische Polenpolitik 1939–1945, Stuttgart 1961, S. 9.
12 Ebd., S. 9.
13 Vgl. Krausnick/Wilhelm, a. a. O., S. 34.
14 Vgl. Artzt, a. a. O., S. 52 und auch Alwin Ramme, Der Sicherheitsdienst der SS, Berlin Ost 1970, S. 113.

war der Auftrag der Einsatzgruppen die „Bekämpfung aller reichs- und deutsch-feindlichen Elemente in Feindesland rückwärts der fechtenden Truppe"[15]. In einer Anordnung des AOK 8 wurde dies folgendermaßen erläutert: „Insbesondere Spionageabwehr, Festnahme von politisch unzuverlässigen Personen, Beschlagnahme von Waffen, Sicherstellung von abwehrpolizeilichen wichtigen Unterlagen usw., Unterstützung der Ortskommandanturen bei der Erfassung von Flüchtlingen und Wehrpflichtigen."[16] Tatsächlich aber war den Nationalsozialisten vor allem an der Vernichtung der polnischen Intelligenz gelegen. In ihr sahen sie eine potentielle Gefahr in Bezug auf die Organisation und Führung eines erfolgreichen Widerstandes gegen die nationalsozialistische Fremdherrschaft in Polen. Dem geheimen Aktenvermerk des Chefs der Sicherheitspolizei und des SD Reinhard Heydrich vom 2. Juli 1940 ist zu entnehmen, dass die Einsatzgruppen einen „Liquidierungsbefehl" bezüglich der polnischen Führungsschicht erhalten hatten.[17] Ausgestattet mit vorbereiteten „Fahndungslisten" trieben sie polnische Lehrer, Ärzte, Beamte, Geistliche, Gutsbesitzer und Kaufleute zusammen. Wenn diese nicht gleich an Ort und Stelle getötet wurden, so kamen sie in Auffanglager, die sich meistens als Liquidierungsstätten erwiesen.[18] Formal wurden die Einsatzgruppen in Polen dem Heer unterstellt. Das bedeutete, dass sie als Gefolge der Wehrmacht angesehen wurden und somit auch der Militärgerichtsbarkeit unterstanden. In der Praxis hatte der Einfluss des Militärs auf die Einsatzgruppen seine Grenzen. Versuche der Heeresführung, gegen die Gräueltaten, die sich gegen die Zivilbevölkerung richteten, zu protestieren, blieben erfolglos. So äußerte sich der Oberbefehlshaber des Grenzabschnittes Süd im besetzten Polen, General der Infanterie Ulex am 2. Februar 1940:

> „... Die Einstellung der Truppe zur SS und Polizei schwankt zwischen Abscheu und Haß. Jeder deutsche Soldat fühlt sich angewidert und abgestoßen durch diese Verbrechen, die in Polen von Angehörigen des Reiches und Vertretern der Staatsgewalt begangen werden, zumal sie, sozusagen unter seinem Schutz geschehen, ungestraft möglich sind ..."[19]

Diese Proteste dürfen aber nicht darüber hinwegtäuschen, dass im Prinzip die Zusammenarbeit zwischen den Einsatzgruppen und dem Heer reibungslos verlief,

---

15 Zitiert nach Krausnick/Wilhelm, a. a. O., S. 36.
16 Zitiert nach Hans Buchheim, Die SS – Das Herrschaftsinstrument, in: ders., Anatomie des SS-Staates, Bd. 1, München 1989, S. 71 f.
17 Vgl. Adalbert Rückerl, NS-Verbrechen vor Gericht, Heidelberg 1984, S. 36.
18 Vgl. Heinz Höhne, Der Orden unter dem Totenkopf, Bindlach 1990, S. 275.
19 Zitiert nach Rückerl, a. a. O., S. 41.

bzw. die Heeresführung keine größeren Anstrengungen unternahm, die Morde an der Zivilbevölkerung zu verhindern.[20]

Die Einsatzgruppenführer mussten neben dem RSHA auch dem OKH Bericht erstatten. Von diesen Dokumenten sind relativ wenige erhalten geblieben, oder diese Berichte wurden nicht so regelmäßig und detailliert geführt, wie später die „Ereignismeldungen" der Einsatzgruppen während des Russlandfeldzuges. Die erhalten gebliebenen Berichte vermitteln allerdings anschaulich, mit welcher Systematik die Ausrottung der polnischen Intelligenz betrieben wurde. So heißt es zum Beispiel in dem Lagebericht des Einsatzkommandos 16 der Sicherheitspolizei in Bromberg vom 24.10.1939:

> „...In der Nacht vom 18. zum 19. Oktober wurde die bereits angekündigte Aktion gegen die Mitglieder des Westmarken-Verbandes durchgeführt. Zur Verfügung standen außer den hiesigen Beamten 3 Hundertschaften Selbstschutz. Es wurden von den 280 Mitgliedern des Westmarken-Verbandes in Bromberg bei dieser Festnahmewelle 91 Personen festgenommen, darunter 21 Frauen. Es handelt sich fast ausschließlich um Vertreter der polnischen Intelligenz, die jetzt von der Flucht zurückgekehrt sind und glauben, unbehelligt zu bleiben. Das Ereignis dieser Aktion kann, da ein Großteil der Westmarken-Verband-Mitglieder geflüchtet bzw. bereits erschossen ist, als äußerst günstig angesehen werden..."[21]

In dem Lagebericht desselben Kommandos vom 4.11.1939 ist zu lesen:

> „...Die gegen die polnische Intelligenz eingeleitete Aktion ist so gut wie abgeschlossen. Durch entsprechend eingeleitete Fahndungsmaßnahmen ist gewährleistet, daß zum Kreis der polnischen Intelligenz zählende Flüchtlinge bei ihrer Rückkehr festgenommen werden können. Von der polnischen Intelligenz (Lehrern, Angehörigen des Westmarken-Verbandes) und als Deutschenhasser und -hetzer gegen das Deutschtum hervorgetretene Personen sind 250 im Laufe der letzten Woche liquidiert worden..."[22]

Unterstützung erhielten die Einsatzgruppen und Einsatzkommandos von Einheiten des volksdeutschen Selbstschutzes, eine milizähnliche Organisation, die sich aus deutschstämmigen einheimischen Männern rekrutierte und von reichsdeutschen SS-Führern befehligt wurde. Die Mordaktionen des volksdeutschen Selbst-

---

20 Zur Zusammenarbeit der Wehrmacht mit den Einsatzgruppen in Polen vgl.: Erhard Moritz/Wolfgang Kern, Aggression und Terror, in: ZfG 22, 1974, S. 1314–1325 und Helmut Krausnick, Hitler und die Morde in Polen, in: Vierteljahreshefte für Zeitgeschichte 1963, S. 196–209.
21 Zitiert nach Rückerl, a. a. O., S. 36.
22 Zitiert nach Rückerl, a. a. O., S. 36.

schutzes richteten sich ebenfalls hauptsächlich gegen Angehörige der polnischen Intelligenz und gegen Juden.[23]

Der Ablauf und die Grausamkeit der Erschießungen werden durch die Schilderung eines ehemaligen Angehörigen der Krankentransportabteilung 581 anlässlich einer späteren Vernehmung verdeutlicht. Dieser war Zeuge einer Exekution durch den volksdeutschen Selbstschutz geworden:

„...Wir kamen etwa um 10 Uhr dort an. Die Erschießungen waren zu diesem Zeitpunkt offenbar schon im Gange. Wir konnten einen Omnibus ankommen sehen, der mit etwa 40 Männern besetzt war. Der Wagen fuhr direkt auf den Friedhof und hielt etwa 5 Meter von einer Grube entfernt, die meines Erachtens etwa 10 bis 12 Meter lang und drei Meter breit war... Ich nahm direkt an der Grube Aufstellung und sah weiter, wie jeweils vier Insassen des Omnibusses aussteigen und in die Grube gehen mußten. Oben am Omnibus stand ein stämmiger Mann in SS-Uniform... Unten in der Grube standen dagegen vier Zivilisten, die eine weiße oder gelbe Armbinde trugen, auf der sich ein Stempel befand. Diese vier Männer hatten jeder einen Karabiner und eine Peitsche bei sich. Als ich es sah, waren schon Leichen in der Grube, die nur dürftig mit Erde bedeckt waren. Die neu angekommenen Delinquenten mußten sich bäuchlings mit dem Kopf zwischen die Beine der bereits Erschossenen legen. Sie wurden dann durch die vier Zivilisten mit der Armbinde von hinten erschossen. Es wurden etwa aus einem halben Meter Entfernung Genickschüsse abgegeben. Dabei spritzten Blut, Gehirnteile und manchmal ganze Schädeldecken bis zu zwei Meter die Grubenwand hinauf. Es war scheußlich. Soweit ich mich erinnere, waren unter den Erschossenen... ein Studienrat und etliche Geschäftsleute. Es handelte sich in fast allen Fällen um besser situierte Leute... Mein Eindruck war der, daß einfach ganze Familien erschossen wurden.“[24]

Die Zahl der Opfer der sogenannten „Intelligenz-Aktion" wird auf 60.000 bis 80.000 Menschen, fast ausschließlich Polen und Juden, geschätzt.[25] Nachdem die ausländische Presse begonnen hatte, über diese Gräueltaten zu berichten, wurde die Aktion Anfang 1940 abgebrochen. Aber bereits im Mai 1940 glaubten die Nationalsozialisten, dass sich das Interesse der Weltöffentlichkeit auf Grund des begonnenen Krieges gegen Frankreich gelegt habe, und die Ausrottungsmaßnahmen gegen die polnische Führungsschicht wurden im „Generalgouvernement" unter der Bezeichnung „AB-Aktion" (allgemeine Befriedungsaktion) noch einige

---

23 Dazu muß angemerkt werden, daß die Terrorbefehle an die Einsatzgruppen nicht die vollständige Vernichtung der Juden beinhalteten, wie es später beim Rußland-Feldzug der Fall war. Vgl. dazu Reinhard Henkys, Die nationalsozialistischen Gewaltverbrechen, Stuttgart/Berlin 1964, S. 79.
24 Zitiert nach Rückerl, a. a. O., S. 38 f.
25 Ebd., S. 41.

Monate fortgesetzt. Heydrich äußerte sich zu dieser Aktion auf einer Polizeisitzung am 30. Mai 1940:

„Am 10. Mai begann die Offensive im Westen, d. h. an diesem Tage erlosch das vorherrschende Interesse der Welt an den Vorgängen hier bei uns." Habe vorher „das Weltscheinwerferlicht auf diesem Gebiet" gelegen, so sei „mit dem 10. Mai... diese Gräuelpropaganda... vollkommen gleichgültig" geworden. Jetzt müsse man „den Augenblick benutzen", um „mit der Masse der in unseren Händen befindlichen aufrührerischen Widerstandspolitiker und sonst politisch verdächtigen Individuen in beschleunigtem Tempo Schluß zu machen."[26]

Der AB-Aktion fielen etwa 4000 Menschen der geistigen und politischen Elite Polens zum Opfer.[27] Offiziell sind die Einsatzgruppen und Einsatzkommandos bereits vor dieser Aktion per Erlass des Chefs der Sicherheitspolizei und des SD vom 20.11.1939 aufgelöst und auf die neu-geschaffenen stationären Staatspolizeidienststellen verteilt worden.[28] Dabei handelte es sich allerdings um einen rein formellen Vorgang, der die Einsatzgruppen in keinster Weise bei der Durchführung ihrer Mordaktionen behinderte.

3. Die Morde in Russland

3.1 Vorbereitung auf den Überfall auf Russland

Mit ihrer Tätigkeit in Polen hatten die Einsatzgruppen bewiesen, dass sie den nationalsozialistischen Machthabern sehr nützlich bei der Durchsetzung ihrer verbrecherischen politischen Ziele sein konnten. Sie sollten während des „Russland-Feldzuges" ein neues Betätigungsfeld erhalten, und die Systematik und Unmenschlichkeit der Mordaktionen sollte, wie sich im Folgenden zeigen wird, ihren traurigen Höhepunkt erreichen. Die Aufgaben der Einsatzgruppen ergaben sich aus der weltanschaulichen Konzeption der Nationalsozialisten, denn für Hitler waren Gewinnung und Sicherung des Ostraumes nach seiner ideologisch beeinflussten Grundeinstellung nicht denkbar ohne dessen systematische Säuberung von politisch und rassisch unerwünschten Bevölkerungsteilen. Mit der beabsichtigten Vernichtung von denjenigen, die der nationalsozialistischen Herrschaft gefährlich werden konnten – gemeint sind vor allem die kommunistischen Funktionäre – und allen, die nicht zum Arbeitseinsatz für Deutschland

---

26 Zitiert nach Krausnick/Wilhelm, a. a. O., S. 101.
27 Vgl. Artzt, a. a. O., S. 52.
28 Vgl. Krausnick/Wilhelm, a. a. O., S. 90.

herangezogen werden konnten und den „rassisch unerwünschten" Juden, kalku-
lierte die nationalsozialistische Führung Menschenopfer in Millionenhöhe ein.[29]
Hitler machte schon im Dezember 1940 keinen Hehl mehr aus seinen Angriffs-
absichten gegen Russland, wie aus der Weisung Nr. 21 vom 18. Dezember 1940
zu entnehmen ist, in der er verfügte:

> „Die deutsche Wehrmacht muß darauf vorbereitet sein, auch vor Beendigung des Krie-
> ges gegen England Sowjetrußland in einem schnellen Feldzug niederzuwerfen (Fall
> Barbarossa)."[30]

Den Befehl zum Überfall auf Russland gab Hitler Ende April 1941 und setzte das
Datum auf den 22. Juni fest. Bereits am 3. März hatte Hitler dem Chef des Ober-
kommandos des Heeres, Generalfeldmarschall Keitel, mitgeteilt, dass es während
des Russland-Feldzuges erneut zu einem Einsatz von Sonderformationen der
Sicherheitspolizei und des SD kommen werde und Himmler, als RFSS der oberste Befehlshaber über die Sicherheitspolizei, den SD und die Ordnungspolizei,
wiederum Sondervollmachten zur Durchführung von Polizeiaktionen erhalten
sollte.[31] Im Anschluss an diese Besprechung formulierte das OKW am 13. März
1941 Richtlinien zum „Fall Barbarossa", die auch auf die Sondervollmachten für
Himmler eingingen:

> „Im Operationsgebiet des Heeres erhält der Reichsführer SS zur Vorbereitung der
> politischen Verwaltung Sonderaufgaben im Auftrag des Führers, die sich aus dem
> endgültig auszutragenden Kampf zweier entgegengesetzter politischer Systeme er-
> geben. Im Rahmen dieser Aufgaben handelt der Reichsführer SS selbständig und in
> eigener Verantwortung. Im Übrigen wird die dem Oberbefehlshaber des Heeres und
> den von ihm beauftragten Dienststellen übertragene vollziehende Gewalt nicht be-
> rührt. Der Reichsführer SS sorgt dafür, daß bei der Durchführung seiner Aufgaben
> die Operationen nicht gestört werden. Näheres regelt das OKH mit dem Reichsführer
> SS unmittelbar."[32]

Diese Sondervollmachten wurden am 26. März zwischen dem Generalquartiermeister Wagner vom OKH und dem Chef der Sicherheitspolizei und des SD,
Heydrich, schriftlich festgelegt.

---

29 Ebd., S. 112.
30 Zitiert nach Artzt, a. a. O., S. 52.
31 Vgl. Alfred Streim, Zum Beispiel: Die Verbrechen der Einsatzgruppen in der Sowjet-
    union, in: Adalbert Rückerl (Hrsg.), NS-Prozesse. Nach 25 Jahren Strafverfolgung:
    Möglichkeiten-Grenzen-Ergebnisse, Karlsruhe 1972, S. 68.
32 Zitiert nach Streim, a. a. O., S. 67.

Inhalt der Regelung waren die Aufgaben der Einsatzgruppen und die Abgrenzung der Zuständigkeiten zwischen denen des Heeres und denen der Sonderformationen des SD und der Sicherheitspolizei.

Zu den Aufgaben der Einsatzgruppen gehörten die Sicherstellung bestimmter, vor den Operationen festgelegter Objekte, Ermittlung und Festnahme besonders wichtiger Personen sowie die Erforschung und Bekämpfung staats- und reichsfeindlicher Bestrebungen. „Es wurde ihnen auch zugestanden, im Rahmen ihrer Aufträge Exekutivmaßnahmen gegenüber der Zivilbevölkerung durchzuführen, für die sie nur dem RFSS, nicht aber den Militärbefehlshabern gegenüber die Verantwortung trugen."[33] Die Einsatzgruppen waren dem Militär lediglich in Bezug auf die Marschroute, Versorgung und Unterbringung unterstellt. Die Weisungsbefugnis und Gerichtsbarkeit des Chefs der Sicherheitspolizei und des SD wurden davon nicht berührt.[34] Der geplante Vernichtungsfeldzug gegen die Zivilbevölkerung Russlands erforderte völlige Handlungsfreiheit für die Einsatzgruppen, und so war es für die nationalsozialistischen Machthaber nur folgerichtig, die Sonderformationen nicht dem Heer zu unterstellen und somit deren Handlungsspielraum zu vergrößern, aber auch um eventuelle Restriktionen durch die Heeresführung von vornherein auszuschließen. Bemerkenswert ist, dass weder in den Richtlinien zur Weisung Nr. 21 vom 13. März 1941, noch in dem Abkommen zwischen dem OKH und dem RFSS vom 26. März 1941 ein Hinweis dafür zu finden war, dass zu den Aufgaben der Einsatzgruppen die Vernichtung sogenannter potentieller Gegner zählte, obwohl deren Beseitigung mindestens seit Anfang 1941 beschlossene Sache war. Hitler hatte sich mehrfach mündlich in Besprechungen zu diesem Vorhaben geäußert. So hatte er am 17. März 1941 in einer Unterredung zwischen dem Chef des Generalstabes, Halder, dem Generalquartiermeister Wagner und dem Chef der Operationsabteilung, Heusinger, festgestellt, dass die Vernichtung der von Stalin eingesetzten Intelligenz und die der „Führungsmaschinerie" sowie die Anwendung brutalster Gewalt im großrussischen Reich notwendig sei.[35] Bereits am 3. März äußerte Hitler gegenüber dem Chef des Wehrmachtsführungsstabes, General Jodl, dass die Beseitigung der jüdisch-bolschewistischen Intelligenz als bisherige Unterdrücker des Volkes berücksichtigt werden müsse.[36]

Festzuhalten bleibt, dass bis zum Beginn des Russlandfeldzuges weder schriftliche Befehle zur Vernichtung der „potentiellen Gegner" vorlagen, noch aus den

33 Streim, a. a. O., S. 67.
34 Vgl. Buchheim, a. a. O., S. 74.
35 Vgl. Streim, a. a. O., S. 68.
36 Vgl. Höhne, a. a. O., S. 324.

bereits ergangenen Weisungen und Richtlinien Hinweise auf die von den Einsatzgruppen später verübten Massenmorde zu entnehmen waren.

3.2 Rekrutierung und Operationsgebiete

Ab Mai 1941 begann die Aufstellung der „Einsatzgruppen des Chefs der Sicherheitspolizei und des SD" in der Grenzpolizeischule Pretzsch a. d. Elbe und den
Nachbarstädten Düben und Bad Schmiedeberg.[37] Es wurden vier Einsatzgruppen
(A, B, C, D) mit jeweils vier bis fünf Einsatz- bzw. Sonderkommandos gebildet,
denen nach dem Überfall auf Russland Einheiten der Ordnungspolizei und der
Waffen-SS zugeteilt wurden. Die einzelnen Einsatzgruppen hatten eine Stärke von
zwischen 800 und 1200 Mann; den Einsatzkommandos gehörten somit ca. 120 bis
150 Personen an. Teilverbände der Einsatzgruppe A waren die Sonderkommandos 1a, 1b sowie die Einsatzkommandos 2 und 3; die Einsatzgruppe B gliederte
sich in die Sonderkommandos 7a, 7b sowie das Vorkommando „Moskau"[38] und
die Einsatzkommandos 8 und 9; die Einsatzgruppe C bestand aus den Sonderkommandos 4a, 4b und den Einsatzkommandos 5 und 6; zur Einsatzgruppe D
gehörten schließlich die Sonderkommandos 10a, 10b sowie die Einsatzkommandos 11a, 11b und 12.[39] Das Personal rekrutierte sich aus der Gestapo, dem SD und
der SS, sowie später aus der Ordnungspolizei und der Waffen-SS.

Ein Beispiel für die personelle und zahlenmäßige Zusammensetzung einer
Einsatzgruppe gibt der Bericht der Einsatzgruppe A vom 15. Oktober 1941. Danach gehörten ihr zu diesem Zeitpunkt 990 Personen an, von denen 89 der Gestapo, 41 der Kripo und 35 dem SD entstammten. Weiterhin gehörten 340 Mann
der Waffen-SS und 133 Mann der Ordnungspolizei dazu sowie Hilfspolizisten,
Motorradfahrer, Verwaltungskräfte, Übersetzer, Fernschreiber und Funker und
13 weibliche Hilfskräfte.[40]

Die Führer der Einsatzgruppen entstammten sämtlich der SS-Prominenz.
Dr. Franz Stahlecker leitete die Einsatzgruppe A (später Heinz Jost), Arthur Nebe
die Einsatzgruppe B (später Erich Naumann), Dr. Otto Rasch die Einsatzgruppe C
(später Thomas) und die Einsatzgruppe D wurde von Dr. Otto Ohlendorf geführt
(später von Bierkamp).[41]

---

37 Vgl. Krausnick/Wilhelm, a. a. O., S. 141.
38 Das Vorkommando „Moskau" wurde Anfang 1942 durch das Polizei-Reserve-Batail-
lon 3 ersetzt. Vgl. Streim, a. a. O., S. 70.
39 Vgl. Streim, a. a. O., S. 70.
40 Vgl. Artzt, a. a. O., S. 55.
41 Ebd., S. 55.

Das Operationsgebiet der Einsatzgruppen entsprach dem des in Russland vor-rückenden Heeres, und so ergab sich folgende Zuteilung:

Einsatzgruppe A für die Heeresgruppe Nord, die im Baltikum vorstieß; Ein-satzgruppe B für die Heeresgruppe Mitte, die durch Weißruthenien marschierte; Einsatzgruppe C für die Heeresgruppe Süd, die die Ukraine besetzte; Einsatz-gruppe D wurde der 11. Armee zugeteilt, die mit zwei rumänischen Armeen der Heeresgruppe Antonescu zur Krim vorstoßen sollte.[42] Dabei sollten die Einsatz-kommandos im rückwärtigen Heeresgebiet operieren, während die Sonderkom-mandos möglichst dicht hinter der vorrückenden Front agieren sollten.

Mitte Juni 1941 waren die Vorbereitungen abgeschlossen, so dass die Einsatz-gruppen mit ihren Kommandos bereits am 23. Juni 1941, einen Tag nach dem Angriff auf Russland, aus ihrem Aufstellungsgebiet im Raum Pretzsch abrücken und mit ihrem grausamen Vernichtungsfeldzug gegen die jüdische Bevölkerung Russlands beginnen konnten.

3.3 Die Durchführung der Mordaktionen

Während der Aufstellung der Einsatzgruppen wurden diese nicht über die ge-plante Massenvernichtung der Juden in Kenntnis gesetzt. Erst wenige Tage vor Beginn des Krieges gegen Russland sind die Führer der Einsatzgruppen im Rah-men der Einweisung über die in dem bevorstehenden Feldzug zu übernehmen-den Aufgaben informiert worden, „daß in dem Arbeitsraum der Einsatzgruppen im russischen Territorium die Juden zu liquidieren seien…"[43] Dabei sind nähere Einzelheiten weder mündlich noch schriftlich ergangen. Die Unterführer und Mannschaften der Einsatzgruppen sind sogar erst auf dem Marsch in die Ein-satzgebiete oder unmittelbar vor der ersten Exekution von dem „Sonderauftrag" unterrichtet worden. Dabei wurde ihnen mitgeteilt, dass alle Juden, die nicht als Arbeitskräfte benötigt wurden, getötet werden sollten. Daneben sollten auch Angehörige anderer Personengruppen, wie politische Kommissare, Zigeuner und Geisteskranke von den Tötungsaktionen erfasst werden.[44] Der Auftrag sollte auf Befehl des Führers ausgeführt werden und alle Angehörigen der Einsatzgruppen hatten sich an der Ausführung zu beteiligen.

Die Einsatzgruppen waren verpflichtet, dem RSHA über ihre Unternehmungen laufend Bericht zu erstatten. Diese Berichte wurden zu den „Ereignismeldungen

---

42 Ebd., S. 55.
43 Zitiert nach Streim, a. a. O., S. 70. Überbringer dieser Information war der SS-Briga-
    deführer Streckenbach vom RSHA oder sogar Heydrich selbst.
44 Vgl. Rückerl, a. a. O., S. 42.

UDSSR" zusammengefasst und wöchentlich bis April 1942 an bestimmte Staats- und Parteistellen ausgegeben. Die Sprache in diesen Ereignismeldungen ist an Zynismus nicht zu überbieten. Es wurde dort nie von Ausrottung oder Mord an den Juden gesprochen. Die nationalsozialistischen Termini für die Tötung von unschuldigen Menschen waren „Sonderbehandlung", „Befriedung", „Evakuierung", „Verarbeitung" und ähnliche sarkastische Bezeichnungen.

Der Auswertung dieser Unterlagen zufolge betrug die Zahl der Opfer bis einschließlich April 1942 bei der Einsatzgruppe A ca. 250.000, bei der Einsatzgruppe B ca. 70.000, bei der Einsatzgruppe C ca. 150.000 und bei der Einsatzgruppe D ca. 90.000, insgesamt also rund 560.000 Opfer bei den Tötungsaktionen der Einsatzgruppen.[45] Die Opfer wurden mit Hilfe von Dolmetschern, oftmals auch durch Hinweise aus der Bevölkerung ermittelt und zu Sammelplätzen gebracht. Mitunter lockte man die Juden auch mittels Plakatanschlägen, die eine Umsiedlung ankündigten, zu den Sammelplätzen. Von dort aus wurden die Opfer zu den Exekutionsstätten gefahren, wo bereits Gruben ausgehoben waren bzw. die Opfer diese erst eigenhändig ausheben mussten. Die Juden mussten sodann ihre Wertgegenstände abliefern und sich vollständig entkleiden. Anfänglich wurden die Erschießungen dergestalt durchgeführt, dass sich die Opfer an dem Grubenrand aufzustellen oder auch hinzuknien hatten und auf den Feuerbefehl eines SS-Führers hin durch ein Exekutionskommando erschossen wurden. Von dieser Art der Erschießung wurde Abstand genommen, nachdem die Zahl der zu Exekutierenden immer mehr zugenommen hatte. Die Opfer mussten nunmehr in die Grube steigen und sich nebeneinander mit dem Gesicht zur Erde legen. Wenn die erste „Schicht" exekutiert war, legten sich die nächsten auf die bereits Erschossenen, und zwar mit dem Kopf zwischen die Beine der Toten.

Geschossen wurde mit Maschinenpistolen vom Grubenrand aus.[46] Nach Beendigung der Erschießung wurden die Gruben wieder zugeschüttet. Die Tötungen fanden in der Regel in Form von Massenerschießungen statt, später aber auch durch den Einsatz von Gaswagen. Wie schon erwähnt mussten die Opfer die Tötungsgruben vielfach selbst ausheben, aber auch hier suchten die Nationalsozialisten nach einer „ökonomischeren" Lösung, und so ging man dazu über, natürliche Gruben in Form von Schluchten und Geländevertiefungen zu suchen. Eine dieser natürlichen Gruben fand man in der Nähe von Kiew; die Schlucht von Babi Yar. Dort fand am 29. und 30. September 1941 der größte Vernichtungseinsatz der Einsatzgruppen statt. Er soll im Folgenden ausführlich beschrieben

---

45 Vgl. Rückerl, S. 43.
46 Vgl. Streim, a. a. O., S. 72 f.

werden, um die für den menschlichen Verstand unfassbare Unmenschlichkeit dieser Aktionen zu veranschaulichen. Durchgeführt von dem Sonderkommando 4a fanden bei dieser zweitägigen Aktion über 33.000 Menschen den Tod, wie in der Ereignismeldung Nr. 101 vom 2. Oktober 1941 zu lesen ist:

> „... Einsatzgruppe C.-Standort Kiew.
> Das Sonderkommando 4a hat in Zusammenarbeit mit dem Gruppenstab und zwei Kommandos des Polizeiregiments Süd am 29. und 30. September 1941 in Kiew 33.771 Juden exekutiert..."[47]

Ein Beleg für die bereits erwähnten Plakatanschläge, die die Juden zur Umsiedlung aufriefen, findet sich in der Ereignismeldung Nr. 128 vom 3. November 1941, in der es rückblickend auf die Erschießung von Babi Yar heißt:

> „...Die sich bei der Durchführung einer solchen Großaktion ergebenden Schwierigkeiten – vor allem hinsichtlich der Erfassung – wurden in Kiew dadurch überwunden, daß durch Maueranschlag die jüdische Bevölkerung zur Umsiedlung aufgefordert worden war. Obwohl man zunächst nur mit einer Beteiligung von etwa 5.000 bis 6.000 Juden gerechnet hatte, fanden sich über 30.000 Juden ein, die infolge einer überaus geschickten Organisation bis unmittelbar vor der Exekution noch an ihre Umsiedlung glaubten."[48]

Ein Angehöriger des Sonderkommandos 4a schilderte seine Beteiligung an der Massenerschießung anlässlich seiner Vernehmung wie folgt:

> „...Wir hielten auf einer gepflasterten Straße im freien Gelände an, die dort aufhörte. Dort waren unzählige Juden versammelt, und dort war auch eine Stelle eingerichtet, wo die Juden ihre Kleidung und ihr Gepäck ablegen mußten. Nach einem Kilometer sah ich eine große natürliche Schlucht. Es war sandiges Gelände. Die Schlucht war ca. 10 Meter tief, etwa 400 Meter lang, oben etwa 80 Meter breit und unten etwa 10 Meter breit. Gleich nach meiner Ankunft im Exekutionsgelände mußte ich mich zusammen mit anderen Kameraden nach unten in die Mulde begeben. Es dauerte nicht lange, und es wurden schon die ersten Juden über die Schluchtabhänge zugeführt. Die Juden mußten sich mit dem Gesicht zur Erde an die Muldenwände hinlegen. In der Mulde befanden sich drei Gruppen mit Schützen, insgesamt 12 Schützen. Gleichzeitig sind diesen Erschießungsgruppen von oben her laufend Juden zugeführt worden. Die nachfolgenden Juden mußten sich auf die Leichen der zuvor erschossenen Juden legen..."[49]

Da für die Ermordung der Tausenden von Menschen das Sonderkommando 4a nicht ausreichte, wurden zur Unterstützung noch zwei Kommandos eines Polizeiregiments zu den Erschießungen abgestellt.

---

47 Zitiert nach Rückerl, a. a. O., S. 43.
48 Ebd., S. 43.
49 Zitiert nach Artzt, a. a. O., S. 60.

Nach Beendigung der Aktion wurde die Schlucht zum Massengrab, indem man die Wände mittels Sprengladungen zum Einsturz brachte. „Der Name Babi Yar wurde zum Symbol für diese Massenmorde großen Stils, die Aktion zum schrecklichen Höhepunkt in dieser ersten Phase der systematischen Vernichtung, denn weder vorher noch nachher wurden von einem Einsatzkommando in so kurzer Zeit mehr als dreißigtausend Menschen umgebracht."[50]

Oben angeführtes Beispiel stellt lediglich einen Ausschnitt aus dem Wirken der Einsatzgruppen dar. Ihr Vernichtungsfeldzug gegen „potentielle Gegner" und vor allem die jüdische Bevölkerung samt Frauen und Kindern ohne Rücksicht auf politische Betätigung führte die Einsatzgruppen durch weite Teile Russlands.[51] Die Grausamkeit der Tötungen kannte dabei keine Grenzen. So wurde z. B. schwangeren Frauen in den Unterleib geschossen, Säuglinge wurden in die Luft geworfen und dort „abgeknallt". Es ließen sich noch viele Beispiele für solch grauenvolle Exzesse, begangen durch Mitglieder von Einsatzgruppen, aufführen.[52]

Nicht alle Angehörigen der Erschießungskommandos waren dabei so kaltblütig, wie die oben beschriebenen Exzesstäter. Vielfach wurde während oder nach den Exekutionen Alkohol ausgegeben, um die Einsatzgruppenleute von ihren grausigen Taten abzulenken.

Neben der Erschießungsmethode wurde um die Jahreswende 1941/42 eine weitere Art der Vernichtung eingeführt, und zwar die Tötung mit Hilfe von Gaswagen, sogenannter S-Wagen (Spezialwagen). Gründe für den Einsatz dieser neuen Methode waren zum einen, die Angehörigen der Exekutionskommandos von den durch die vielen Tötungsaktionen immer größer werdenden psychischen Belastungen zu befreien, vor allem aber wohl, um die Massentötungen zu beschleunigen.[53]

Bei dieser Vorgehensweise wurden Auspuffgase direkt in das Innere von Lastwagen geleitet, in denen sich hinter verschlossenen Türen die Opfer befanden. Der Ablauf einer solchen Tötungsaktion soll durch die Aussage eines ehemaligen Angehörigen der Einsatzgruppe C verdeutlicht werden. Es handelte sich dabei um die erste bestätigte Vergasungsaktion, die im November 1941 in Poltawa durchgeführt wurde:

„Es waren zwei Gaswagen im Einsatz. Ich habe sie selbst gesehen. Sie fuhren in den Gefängnishof, und die Juden, Männer, Frauen und Kinder, mußten von der Zelle di-

---

50 Artzt, a. a. O., S. 61.
51 Ausführliche Darstellung der Marschwege bei: Krausnick/Wilhelm, a. a. O., S. 173 ff.
52 Vgl. Henkys, a. a. O., S. 118.
53 Vgl. Streim, a. a. O., S. 75.

rekt in den Wagen einsteigen. Ich kenne auch die Gaswagen im Innern. Sie waren mit Blech beschlagen und mit einem Holzrost belegt. Die Auspuffgase wurden in das Innere des Wagens geleitet. Ich höre noch heute das Klopfen und die Schreie von den Juden: > Liebe Deutsche, laßt uns raus! < Die Juden gingen ohne Bedenken durch unsere Absperrung in den Wagen. Der Fahrer hat den Motor anlaufen lassen, nachdem die Türen geschlossen waren. Er fuhr dann in ein Gelände außerhalb von Poltawa. Auch ich war an jenem Ort außerhalb von Poltawa, als der Wagen anhielt. Beim Öffnen der Türen kam zuerst ein Qualm heraus und dann ein Knäuel verkrampfter Menschen. Es war ein erschreckendes Bild."[54]

Die Entladung eines Gaswagens nach erfolgtem Einsatz wird von dem Chauffeur des Leiters des Sonderkommandos 4a, Paul Blobel, wie folgt beschrieben:

„Der Einsatz des Lastwagens war mit das Schrecklichste, was ich je gesehen habe. Ich habe gesehen, wie die Leute in den Gaswagen geführt wurden, wie die Türe hinter ihnen zugeschlossen wurde, und wie der Gaswagen wegfuhr. Ich habe dann auch Blobel an den Ort fahren müssen, wo der Gaswagen entladen wurde. Die hintere Tür des Wagens wurde geöffnet und die Leichen von anderen, noch lebenden Juden herausgeschafft, soweit sie nicht beim Öffnen der Tür herausgepurzelt waren.
Die Leichen waren über und über mit Kot und Unrat beschmutzt. Es war ein grauenhaftes Bild..."[55]

Die Gaswagen erfüllten die in sie gesetzten Erwartungen der Nationalsozialisten. In einem Erfahrungsbericht über den Einsatz der S-Wagen an den zuständigen Gruppenleiter im RSHA, SS-Obersturmbannführer Rauff, vom 5. Juni 1942, heißt es:

„Seit Dezember 1941 wurden beispielsweise mit 3 eingesetzten Wagen 97.000 Juden verarbeitet, ohne daß Mängel an den Fahrzeugen auftraten..."[56]

Man beeilte sich daher, neue Fahrzeuggestelle bei der Firma Gaubschat, Berlin-Neukölln, in Auftrag zu geben. Die bereits gemachten Erfahrungen mit den Gaswagen veranlassten die Nationalsozialisten, einige technische Verbesserungen durchführen zu lassen. Die sachliche und völlig emotionslose Formulierung des Auftrags und der zynische Terminus „Ladung" für Menschen, die getötet werden sollten, verdeutlichen, wie kaltblütig die Nationalsozialisten mit der Tatsache des tausendfachen Todes von unschuldigen Menschen umgegangen sind. Es ging

---

54 Zitiert nach Eugen Kogon/Hermann Langbein/Adalbert Rückerl u. a., Nationalsozialistische Massentötungen durch Giftgas, Frankfurt am Main 1983, S. 93.
55 Zitiert nach Kogon/Langbein/Rückerl, a. a. O., S. 93.
56 Zitiert nach Streim, a. a. O., S. 76.

hierbei nicht mehr um Menschen, sondern darum, wie man die „Ladung" am schnellsten „verarbeiten" konnte:

„1. Um ein schnelles Einströmen des CO unter Vermeidung von Überdrucken zu ermöglichen, sind an der oberen Rückwand zwei offene Schlitze von 10 x 1 cm lichter
   Weite anzubringen...
2. Eine Verkleinerung der Ladefläche erscheint notwendig (Anmerkung: Zur Hebung
   der Geländegängigkeit)...
3. Die Verbindungsschläuche zwischen Auspuff und Wagen rosten des Öfteren durch,
   da sie im Innern durch anfallende Flüssigkeiten zerfressen werden. Um dieses zu
   vermeiden, ist der Einfüllstutzen nunmehr so zu verlegen, daß eine Einführung von
   oben nach unten erfolgt...
4. Um eine handliche Säuberung des Fahrzeuges vornehmen zu können, ist der Boden
   in der Mitte mit einer dicht verschließbaren Abflußöffnung zu versehen...
5. Die bisher angebrachten Beobachtungsfenster können entfallen, da sie praktisch
   nie benutzt werden...
6. Die Beleuchtungskörper sind stärker als bisher gegen Zerstörungen zu sichern...
   Aus der Praxis wurde vorgeschlagen, die Lampen entfallen zu lassen, da sie angeblich nie gebraucht werden. Es wurde aber in Erfahrung gebracht, daß beim Schließen der hinteren Tür und somit bei eintretender Dunkelheit immer ein starkes
   Drängen der Ladung nach der Tür erfolgte. Dieses ist darauf zurückzuführen, daß
   die Ladung bei eintretender Dunkelheit sich nach dem Licht drängt. Es ist deshalb
   zweckmäßig, daß die Beleuchtung vor und während der ersten Minuten des Betrie-
   bes eingeschaltet wird...
7. Um eine schnelle und leichte Entladung des Fahrzeuges zu erreichen, ist ein aus-
   fahrbarer Rost anzubringen..."[57]

Insgesamt dürften bei den Vergasungsaktionen 30 S-Wagen zum Einsatz gekommen sein. Da die Zivilbevölkerung sehr schnell den wahren Verwendungszweck
der Wagen, die äußerlich Möbelwagen ähnelten, erkannte und sie als Todeswagen
bezeichnete, versuchte man, sie zu tarnen. Dies geschah z. B. durch Beschriftung
der Gaswagen, wie beispielsweise mit „Kaisers-Kaffee-Geschäft".[58]

Neben den beschriebenen Vernichtungsaktionen war den Einsatzkommandos noch ein weiteres „Arbeitsgebiet" zugewiesen, nämlich der Einsatz in den
Kriegsgefangenenlagern.

Kurz nach Beginn des Krieges gegen Russland kam es zu Abmachungen zwischen dem OKW und den SS-Dienststellen über Aussonderung und Liquidierung
aller potentiellen ideologischen Gegner unter den russischen Kriegsgefangenen.
Geregelt wurde dies in dem Einsatzbefehl Nr. 8 des Chefs der Sicherheitspo-

---

57 Zitiert nach Streim, a. a. O., S. 76 f.
58 Vgl. Artzt, a. a. O., S. 68.

lizei und des SD vom 17. Juli 1941. Diese „Richtlinien für die Aussonderung von Zivilpersonen und verdächtigen Kriegsgefangenen des Ostfeldzuges in den Kriegsgefangenenlagern im besetzten Gebiet, im Operationsgebiet, im Generalgouvernement und in den Lagern im Reichsgebiet" bestimmte, dass alle Juden und alle potentiellen Gegner zum Zwecke der Tötung auszusondern waren.[59] Der Einsatzbefehl Nr. 9 vom 21. Juli 1941 ordnete ergänzend an:

> „Die Exekutionen sind nicht öffentlich und müssen unauffällig im nächstgelegenen Konzentrationslager durchgeführt werden."[60]

Die „Säuberung" der Kriegsgefangenenlager wurde von besonderen Kommandos der Sicherheitspolizei mit einer Stärke von drei bis sechs Mann unter Leitung eines SS-Führers durchgeführt. Zunächst entschied das RSHA über die Durchführung der Exekutionen, doch mit dem Einsatzbefehl Nr. 14 des Chefs der Sicherheitspolizei und des SD vom 29. Oktober 1941 wurde die Entscheidung hierüber den Leitern der Einsatzgruppen übertragen.[61] Die Zahl der Opfer dieser „Säuberungsaktionen" lässt sich nicht mehr feststellen. Offizielle Zahlen sprechen von 5.165.381 sowjetischen Soldaten, die sich in Kriegsgefangenschaft befunden hätten. Davon seien durch Flucht und Überstellung an den SD – gleichbedeutend mit Exekution – im Operationsgebiet des Heeres 490.441 und im Reichsgebiet und Polen 539.716 ums Leben gekommen.[62] Es ist davon auszugehen, dass es sich dabei um beschönigte Angaben handelt und die tatsächliche Zahl der Opfer weit höher lag. Was die Wehrmacht anging, so war sie zwar nicht an oben beschriebenen Mordaktionen aktiv beteiligt, leistete allerdings nicht nur passive Hilfe, sondern ließ darüber hinaus den Einsatzgruppen ihre volle Unterstützung zuteilwerden. In der Ereignismeldung UdSSR Nr. 58 vom 20.8.1941 heißt es:

> „Das Verhältnis zur Wehrmacht ist nach wie vor ohne jede Trübung. Vor allem zeigt sich in Wehrmachtskreisen ein ständig wachsendes Interesse und Verständnis für die Aufgaben und Belange sicherheitspolizeilicher Arbeit. Dies war gerade bei den Exekutionen in besonderem Maße zu beobachten. Zum andern ist die Wehrmacht auch selbst bemüht, die Durchführung sicherheitspolizeilicher Aufgaben zu fördern. So laufen zur-

---

59 Vgl. Artzt, a. a. O., S. 69.
60 Ebd., S. 69.
61 Ebd., S. 69 Ausführliches Dokumentenmaterial zu diesem Themenkomplex bei Hans-Adolf Jacobsen, Kommissarbefehl, in: Anatomie des SS-Staates, Bd. 2, München 1989, S. 166 ff.
62 Offizielle Zahlen des Amts für Kriegsgefangenenwesen im Allgemeinen Wehrmachtsamt aus der „Nachweisung des Verbleibs der sowjetischen Kriegsgefangenen nach dem Stand vom 1.5.1944". Vgl. Artzt, a. a. O., S. 69.

zeit bei sämtlichen Dienststellen der Einsatzgruppe fortgesetzt Meldungen der Wehrmacht über festgestellte kommunistische Funktionäre und Juden ein..."[63]

Obwohl die aktive Beteiligung von Wehrmachtangehörigen an Erschießungen nur in Ausnahmefällen und nach vorheriger Genehmigung durch militärische Vorgesetzte gestattet sein sollte, weisen mehrere Dokumente darauf hin, dass es häufiger zu Exekutionen unter aktiver Mithilfe von Soldaten gekommen ist. Zunächst sei ein Beispiel für die restriktive Haltung des AOK genannt. Der Oberquartiermeister des AOK äußerte sich im August 1941:

> „...Es ist vorgekommen, daß dienstfreie Soldaten sich freiwillig dem SD zur Mithilfe bei Durchführung von Exekutionen anboten, als Zuschauer derartigen Maßnahmen beiwohnten und dabei photographische Aufnahmen machten. Hierzu hat der Oberbefehlshaber der Armee folgendes befohlen:
> Es wird jede Teilnahme von Soldaten der Armee als Zuschauer oder Ausführende bei Exekutionen, die nicht von einem militärischen Vorgesetzten befohlen sind, verboten..."[64]

Diese Meldung erweckt den Anschein, dass die Wehrmacht gegenüber den Tötungsaktionen der Einsatzgruppen negativ eingestellt war. Folgende Zitate belegen allerdings eine aktive Teilnahme von Teilen der Wehrmacht.

Im Kriegstagebuch des Abwehr-Offiziers des Armeeoberkommandos 6 lautet ein Eintrag vom 6.11.1941:

> „...erwünscht und für durchführbar werden folgende Maßnahmen gehalten:
> a) Alsbaldige Feststellung aller Juden, politischen Kommissare, politisch Verdächtigen und aller nicht Ortsansässigen ... Festsetzen und weitere Behandlung dieser Elemente wäre Aufgabe des SD, der aber selbst zu schwach ist und deshalb der Unterstützung durch die Truppe bedarf."[65]

Die Einsatzgruppe A berichtete im Winter 1941/42:

> „Nach schätzungsweisen Angaben sind von der Wehrmacht bis Dezember 1941 ungefähr 19000 Partisanen und Verbrecher, d.h. also in der Mehrzahl Juden, erschossen worden."[66]

Der Vollständigkeit halber soll noch erwähnt werden, dass neben den Erschießungen und Vergasungsaktionen durch die Einsatzgruppen der Sicherheitspolizei und des SD auch einzelne Einheiten der SS an der Ausrottung der in ihrem Bereich angetroffenen Juden beteiligt waren.

---

63 Zitiert nach Ernst Klee/Willi Dreßen, Gott mit uns – Der deutsche Vernichtungskrieg im Osten 1939-1945, Frankfurt am Main 1989, S. 102 f.
64 Ebd., S. 102.
65 Zitiert nach Klee/Dreßen, a. a. O., S. 110.
66 Ebd., S. 114.

Als Beleg sei ein Bericht eines Kommandeurs einer Reiterabteilung des SS-Kavallerieregiments 1 vom 11. August 1941 genannt. Dort heißt es:

> „Die reit. Abt. hat befehlsgemäß die äußerste Grenze des ihr mit Rgts. Befehl Nr. 42 vom 27.7.1941 zugewiesenen Gebietes erreicht und meldet die Befriedung des Gesamtgebietes. Abgesehen von den 239 Gefangenen und 411 zum Teil in Einzelgefechten gefallenen Rotarmisten und Aktivisten wurden insgesamt 6.504 jüdische Personen erschossen...“[67]

Obwohl die Einsatzgruppen im Frühjahr 1942 nach Einsetzung der Zivilverwaltung in den besetzten Ostgebieten aufgelöst und ihre Mitglieder den stationären Dienststellen der Sicherheitspolizei und des SD zugeteilt wurden, setzten sie, unter Zusammenarbeit mit Einheiten der Ordnungspolizei, ihre Mordaktionen fort. Dabei wurde zunächst veranlasst, die Juden in Ghettos zusammenzuziehen. Unter Vorspiegelung von Umsiedlungsaktionen wurden die Opfer zu Plätzen außerhalb der Ghettos gefahren und dort getötet. Welche Ausmaße auch im Jahre 1942 solche Tötungen annahmen, zeigt eine Meldung des Höheren SS- und Polizeiführers Russland Süd vom 26. Dezember 1942. Hiernach wurden von August bis November 1942 363.211 Juden erfasst, darunter waren ca. 16.000 Juden des Ghettos Pinsk, das vom 28. Oktober bis 1. November 1942 „geräumt“ wurde.[68]

Wie eine solche Räumung vor sich ging und welch grauenvolle Szenen sich dabei abspielten, wird aus dem Erfahrungsbericht eines an der Aktion beteiligten Polizeiregiments deutlich:

> „...Mit der Durchkämmung des Ghettos sollte befehlsgemäß um 06.00 Uhr begonnen werden... Die Juden, nun aufmerksam geworden, sammelten sich zum größten Teil freiwillig auf allen Straßen und mit Hilfe von 2 Wachtmeistern gelang es, schon in der ersten Stunde einige Tausend zum Sammelplatz zu lotsen. Da nun der andere Teil der Juden sah, wohin es ging, schlossen sie sich dem Zuge an, so daß die vom SD am Sammelplatz in Aussicht genommene Sichtung auf Grund des starken und plötzlichen Anlaufs nicht mehr erfolgen konnte... Am 1. Tag wurden ca. 10.000 Personen exekutiert... Am 30.10. wurde das Ghetto zum zweiten, am 31.10. zum dritten, und am 1.11. zum vierten Male durchkämmt. Es wurden insgesamt ca. 15.000 Juden dem Sammelplatz zugeführt. Kranke Juden und einzelne, in den Häusern zurückgelassene Kinder wurden sofort im Ghetto auf dem Hofe exekutiert... Wenn auch keine Keller vorhanden sind, so hält sich dennoch eine große Anzahl von Personen in dem kleinen Raum zwischen Erde und Fußboden auf. Diese Stellen sind von außen aufzubrechen und entweder durch Diensthunde nachstöbern zu lassen (bei der Aktion in Pinsk hat sich der Diensthund > Asta < hierbei hervorragend bewährt) bzw. ist dort eine Handgranate hineinzuwerfen, worauf in allen Fällen die Juden unverzüglich ins Freie kommen.“[69]

---

67 Zitiert nach Rückerl, a. a. O., S. 46.
68 Vgl. Artzt, a. a. O., S. 64.
69 Zitiert nach Rückerl, a. a. O., S. 47 f.

3.4 Die „Aktion 1005"

Die große Zahl der Exekutionen und die damit steigende Anzahl der Massengräber konnten auf die Dauer nicht verborgen bleiben. Bereits im November 1941 machte die UdSSR die Weltöffentlichkeit auf die in ihren Gebieten begangenen Verbrechen aufmerksam. Die Nationalsozialisten versuchten daraufhin, die Spuren ihrer Schandtaten zu verwischen. „Vermutlich schon im Januar 1942 wurde der Kommandeur des Sonderkommandos 4a, SS-Standartenführer Blobel, von Heydrich unter Enthebung der Führung seines Kommandos mit der Beseitigung der Leichen beauftragt."[70] Dabei beschränkte sich Blobels Tätigkeit zunächst auf die Vernichtung der Leichen in den Vernichtungslagern. Vermutlich nach der Protesterklärung der damaligen Alliierten vom 17. Dezember 1942, die sich gegen die „bestialische Politik kaltblütiger Ausrottung" in den von den deutschen Truppen besetzten Gebieten richtete[71], bereitete Blobel sich auf die Beseitigung der Leichen in den Massengräbern vor. Dazu erfolgte zunächst durch die örtlichen Dienststellen der Sicherheitspolizei und des SD eine Erfassung der Massengräber mittels Listen und Karteien.

Das Unternehmen erhielt die Bezeichnung „1005" und die Kommandos nannten sich „Sonderkommando 1005". Zusammengesetzt waren diese Kommandos zumeist aus einem Führer der Sicherheitspolizei oder des SD, Unterführern und Mannschaften der Sicherheitspolizei und des SD sowie aus Arbeitskommandos, die aus jüdischen KZ-Häftlingen und später auch aus Angehörigen der einheimischen Bevölkerung bestanden. Die zahlenmäßige Stärke schwankte je nach Umfang und Schwierigkeit der „Enterdungsaktionen".[72] Zur Abschirmung und Bewachung dieser Aktionen wurden Angehörige der Ordnungspolizei abgestellt. Für die grauenerregende Arbeit der Beseitigung der Leichen waren die Arbeitskommandos zuständig. Die Leichen wurden auf Rosten aus Eisenbahnschienen verbrannt, und die zurückgebliebenen Knochen wurden in Knochenmühlen beseitigt. Der Ablauf einer solchen Aktion wird aus dem Bericht eines Angehörigen der Schutzpolizei deutlich, den dieser im Oktober 1945 zu Protokoll gegeben hat:

> „Jeder Häftling war an beiden Beinen gefesselt mit einer 3–4 Meter langen Kette. Die Häftlinge waren gekleidet in Zivilkleidung... Die Leichenhaufen wurden nicht zu regelmäßigen Zeiten angezündet, sondern immer, wenn ein oder mehrere Haufen fertig waren, bedeckt mit Holz und getränkt mit Öl und Benzin."[73]

---

70 Streim, a. a. O., S. 77 f.
71 Ebd., S. 77.
72 Vgl. Streim, a. a. O., S. 78.
73 Zitiert nach Artzt, a. a. O., S. 71.

Die Angehörigen der Arbeitskommandos wurden nach Beendigung der Arbeiten getötet, obwohl man ihnen oftmals die Freilassung in Aussicht gestellt hatte. Dabei wurden sie bis zu ihrem Tod über ihr tatsächliches Schicksal getäuscht. „In einem Fall glaubten die Angehörigen eines Arbeitskommandos selbst noch bei dem Besteigen eines S-Wagens, der zu ihrer Tötung eingesetzt worden war, dass sie zum Baden nach Minsk gefahren und hiernach entlassen würden. Nach Aussagen von Angehörigen des Sonderkommandos schüttelten einige Opfer ihren Bewachern unter freundlichen Worten zum Abschied die Hände und stiegen freiwillig und fast glücklich in die Gaswagen ein. Wenige Zeit später wurden sie an ihrem „Arbeitsplatz" tot wieder ausgeladen und verbrannt."[74]

Im Anschluss an die Beseitigung eines Massengrabes veranstaltete das übrige „Personal" der Sonderkommandos oftmals einen „Kameradschaftsabend", „denn so wollte es der um die unerschütterliche ideologische Ausrichtung seiner Leute stets besorgte Reichsführer SS (Himmler)."[75] In seiner „Exekutionsordnung" vom 6. Januar 1943 heißt es:

> „Nach jeder Exekution sind die daran beteiligten SS-Männer bzw. Beamten durch den Lagerkommandanten oder den von ihm beauftragten SS-Führer über die Rechtmäßigkeit der Exekutionen aufzuklären und in ihrer inneren Haltung so zu beeinflussen, daß sie keinen Schaden nehmen.
> Hierbei ist die Notwendigkeit der Ausmerzung aller solcher Elemente im Interesse der Volksgemeinschaft besonders hervorzuheben. Die Aufklärung ist in wirklich kameradschaftlicher Weise vorzunehmen. Sie kann von Zeit zu Zeit in Form eines kameradschaftlichen Beisammenseins erfolgen."[76]

Die Tötung der Angehörigen der Arbeitskommandos war für die Nationalsozialisten eine notwendige Schlussfolgerung. Immerhin waren sie Zeugen der Massenmorde der Einsatzgruppen geworden und Zeugen konnten die Nationalsozialisten bei der spurlosen Beseitigung ihrer Untaten nicht gebrauchen.

Dennoch gelang es nicht, alle Massengräber zu beseitigen, denn aufgrund des schnellen Rückzugs der deutschen Truppen konnte die „Enterdungsaktion" nur unvollständig geleistet werden. Insbesondere in den Operationsräumen der Einsatzgruppen B, C und D blieben zahlreiche Massengräber bestehen.

---

74 Streim, a. a. O., S. 79.
75 Artzt, a. a. O., S. 71 f.
76 Zitiert nach Artzt, a. a. O., S. 72.

III Der Einsatzgruppenprozess vor dem Amerikanischen Militärgerichtshof in Nürnberg

Mit den Verbrechen, die die Einsatzgruppen in Polen und in Russland begangen haben, galt es, sich nach Kriegsende auseinanderzusetzen und die Verantwortlichen zur Rechenschaft zu ziehen und zu bestrafen. Das erste Verfahren, das gegen ehemalige Angehörige von Einsatzgruppen und deren Kommandos geführt wurde, war der „Fall der Vereinigten Staaten gegen den ehemaligen Chef der Einsatzgruppe D, Otto Ohlendorf, und andere".[1] Dieser Fall 9 ist unter der Bezeichnung „Einsatzgruppenprozess" bekannt geworden.

Der Prozess begann am 25. Juli 1947 mit Einreichung der Anklageschrift, die die in ihr aufgeführten 24 Angeklagten der Verbrechen gegen die Menschlichkeit, Kriegsverbrechen und Mitgliedschaft in einer der vom Internationalen Militärgerichtshof für verbrecherisch erklärten Organisation beschuldigte. Die 24 Angeklagten setzten sich zusammen aus sechs SS-Generälen, fünf Standartenführern, sechs Obersturmbannführern, vier Sturmbannführern und drei Offizieren von geringerem Rang.[2] In Nürnberg standen demnach durchweg Befehlshaber und Führer von Einsatzgruppen bzw. Einsatzkommandos vor Gericht. Daraus ist zu schließen, dass die Angeklagten die direkte Befehlsgewalt und Kommandoherrschaft vor Ort bezüglich der Anordnung und Durchführung der Exekutionen hatten. Die Mehrzahl der Angeklagten hatte akademische Vorbildung. Unter ihnen waren ein Universitätsprofessor, drei Personen mit abgeschlossener theologischer bzw. philologischer bzw. zahnärztlicher Ausbildung, vier Volljuristen, außerdem vier andere Juristen, teilweise mit dem Dr. jur., und Volkswirte sowie ein Opernsänger. Der Rest bestand aus kaufmännischen Angestellten.[3] In der Verhandlungsniederschrift des Prozesses ist bezüglich der Herkunft der Angeklagten zu lesen:

> *„Die Angeklagten waren keine unzivilisierten Wilden, die nicht die Feinheiten des Lebens zu schätzen wußten. Jeder dieser vor Gericht stehenden Männer hat den Vorzug einer gu-*

---

1 Vgl. Streim, a. a. O., S. 80.
2 Vgl. Kazimierz Leszczynski, Fall 9-Das Urteil im Einsatzgruppenprozess, Berlin (Ost) 1963, S. 27.
3 Vgl. Robert M. W. Kempner, SS im Kreuzverhör – Die Elite, die Europa in Scherben schlug, Hamburg 1987, S. 17.

ten Erziehung gehabt. Acht waren Juristen, einer ein Universitätsprofessor, ein anderer ein Zahnarzt und wieder ein anderer Kunstsachverständiger. Einer der Angeklagten gab als Opernsänger Konzerte in ganz Deutschland, bevor er seine Tour mit den Einsatzgruppen in Rußland begann. Unter diesen gebildeten Männern von guter Herkunft befand sich sogar ein früherer Geistlicher, der sich selbst seiner geistlichen Würde entkleidet hatte."[4]

Einige der Angeklagten brachten im Laufe des Prozesses Leumundszeugen für die von ihnen vollbrachten guten Taten mit, die das Gericht kommentierte:

„Diese Zeugnisse glitzern geradezu von solchen Phrasen wie >ehrlich und wahrheitsliebend, rechtdenkende und freundliche Art, fleißig, ehrlich<".[5]

Wie sich in der Urteilsbegründung zeigen wird, ließ sich das Gericht von diesen Aussagen in keinster Weise beeinflussen und bezog sein Urteil auf die Seite der Persönlichkeit der Angeklagten, die in Polen und Russland zum tausendfachen Mörder geworden ist. In diesem Kontext ist noch anzusprechen, dass die Einsatzgruppenführer in Nürnberg versuchten, die psychische Last bei den Exekutionen neu zu verteilen. Nach ihren Aussagen zu urteilen waren nicht die Juden die wirklichen Opfer, sondern die Angehörigen der Einsatzgruppen. Immer wieder betonten die Angeklagten die *„ungeheuren seelischen und gesundheitlichen Schäden dieser Arbeit für die Männer."*[6] Auch von diesen zweifelhaften Äußerungen ließ sich das Gericht in seinem Urteil nicht beeindrucken.

Die Anzahl der Angeklagten verringerte sich seit der Einreichung der Anklageschrift auf zweiundzwanzig, denn der Angeklagte SS-Sturmbannführer Emil Hausmann beging am 31. Juli 1947 Selbstmord, und der Fall des Angeklagten SS-Brigadegeneral Otto Rasch wurde am 5. Februar 1948 wegen seiner Unfähigkeit, Zeugnis abzulegen, abgetrennt.

„Obgleich angenommen werden kann, daß Raschs Krankheit (Paralysis agitans oder Parkinsonsche Krankheit) sich zunehmend verschlimmern wird, ist die Abtrennung seines Falles doch nicht als Entscheidung hinsichtlich seiner Schuld oder Unschuld aufzufassen."[7] Die Verhandlung begann am 15. September 1947 und wurde am 12. Februar 1948 geschlossen. Das Urteil im Einsatzgruppenprozess erging am 8. April 1948 und wurde am 10. April 1948 verkündet. Vorsitzender des Gerichts war Richter Michael A. Musmanno und Beisitzer waren Richter J. J. Speight und D. Dixon. Hauptankläger dieses Falles war Benjamin B. Ferencz, der von Arnold

---

4 Zitiert nach Telford Taylor, Die Nürnberger Prozesse, Zürich 1950, S. 75.
5 Zitiert nach Jörg Friedrich, Die kalte Amnestie – NS-Täter in der Bundesrepublik, Frankfurt am Main 1985, S. 96.
6 Ebd., S. 95.
7 Zitiert nach Kempner, a. a. O., S. 19.

Horlik-Hochwald, Peter W. Walton, John E. Glancey und James E. Heath unterstützt wurde.[8] Jeder der Angeklagten hatte einen deutschen Verteidiger und zwar die Rechtsanwälte Dr. Rudolf Aschenauer, Dr. Eduard Belzer, Dr. Friedrich Bergold, Ernst Durchholz, Dr. Heinz Fritz, Dr. Hans Gawlik, Dr. Karl Gick, Dr. Willi Heim, Karl Hoffmann, Josef Koesel, Heinrich Link, Dr. Günther Lummert, Dr. K. Erich Mayer, Dr. Paul Ratz, Dr. Fritz Riedinger, Dr. Alfred Schwartz, Dr. v. Stein und Hermann Ulmer. Einige der genannten Rechtsanwälte verteidigten mehr als einen Angeklagten.[9]

Die Anklagebehörde stützte den Fall fast ausschließlich auf dokumentarische Unterlagen der Nationalsozialisten, wie z. B. die „Ereignismeldungen UDSSR", originale Befehle, Erlasse und dergleichen und präsentierte ihn innerhalb von zwei Verhandlungstagen, während die Verteidigung 136 Verhandlungstage benötigte.[10] Das schreckliche und unvorstellbare Ausmaß der Verbrechen der Einsatzgruppen erschütterte die anklagenden Beteiligten. Wie das Gericht erklärte, „... *überstiegen die Tatsachen in so ungeheurem Maße die Erfahrungen eines normalen Menschenhirnes, daß nur die gründlichste juristische Untersuchung und die ausführlichste Gerichtsverhandlung ihre Echtheit prüfen und sie bestätigen konnten. Die Anklage lautet auf Mord – unglücklicherweise haben seit Kains Zeiten Menschen ihre Brüder getötet –, aber in diesem Falle erreichten die Mordtaten solche phantastischen Ausmaße und überstiegen die Grenzen der Glaubwürdigkeit, daß diese mit hundertmal wiederholten Beweismitteln gestützt werden mußte.*"[11]

„*Es ist gewiß*", sagte Richter Musmanno, „*daß noch niemals 23 Menschen vor Gericht gestellt wurden, um sich wegen der Beschuldigung zu verantworten, über 1 Million ihrer Mitmenschen umgebracht zu haben.*"[12] Die Vernichtung einer solchen Anzahl von Menschenleben könne durch kein Gefühl mehr erfasst werden, doch blicke man „*auf Mordszenen von solch nie dagewesenem Umfang, daß man von ihrem Anblick zurückwich wie vor einem Strahl brühenden Dampfes. Nichts in Dantes Inferno kann den Schreckenstaten gleichen, die sich in den Jahren 1941, 1942 und 1943 in Weißrußland, der Ukraine, Litauen, Estland, Lettland und der Krim ereigneten.*"[13]

---

8   Ebd., S. 17.
9   Vgl. Leszcynski, a. a. O., S. 10.
10 Vgl. Kempner, a. a. O., S. 17.
11 Zitiert nach Taylor, a. a. O., S. 75.
12 Zitiert nach Friedrich, a. a. O., S. 93.
13 Ebd., S. 93.

Die Verteidiger legten dem Gericht insgesamt 744 Dokumente vor, die hauptsächlich aus eidesstattlichen Erklärungen verschiedener Zeugen und Auszügen aus originalen Ereignismeldungen der Einsatzgruppen bestanden.[14]

Im Folgenden sollen die Rechtsgrundlagen des Verfahrens, die Angeklagten, ihre Strafen und die Urteilsbegründung des Gerichts vorgestellt werden.

1. Die Rechtsgrundlage

1.1 Der Weg zum Kontrollratsgesetz Nr. 10

Nachdem die alliierten Siegermächte die Hauptkriegsverbrecher vor dem Internationalen Militär-Tribunal angeklagt und verurteilt hatten, fanden in den jeweiligen Besatzungszonen Nachfolgeprozesse statt. Der Einsatzgruppenprozess war einer von insgesamt zwölf Prozessen, die vor dem amerikanischen Militärgerichtshof stattfanden.

Die Forderung, die nationalsozialistischen Gewaltverbrechen zu bestrafen, tauchte nicht erst nach Kriegsende auf. Bereits im Jahre 1940 erhoben die britische, tschechische, französische und polnische Regierung offizielle Proteste gegen die Verbrechen, die von den Nationalsozialisten während der Besetzung Polens und der Tschechoslowakei begangen wurden. Für die amerikanische Regierung prangerte im Oktober 1941 Präsident Franklin D. Roosevelt öffentlich die deutschen Gräueltaten, unschuldige Menschen hinzurichten, an. Die britische Regierung schloss sich mit einer Erklärung Winston Churchills an, und auch die Sowjetunion sandte diplomatische Noten aus. „In diesen wurde die deutsche Regierung der >systematischen und bewußten verbrecherischen Verletzung des Völkerrechts< beschuldigt, die durch Brutalitäten und Gewalttaten gegen russische Kriegsgefangene, durch Plünderungen und Zerstörungen sowie durch Grausamkeiten gegen die Zivilbevölkerung begangen worden sind."[15]

Diese diplomatischen Noten lassen erkennen, dass die Alliierten im Falle eines Sieges gegen Deutschland, die von den Nationalsozialisten begangenen Verbrechen nicht unbestraft lassen wollten. Im Januar 1942 wurde dann auch tatsächlich in London der erste Schritt zur Formulierung eines Programms für die Behandlung von Kriegsverbrechern unternommen. Teilnehmer dieser Konferenz waren Repräsentanten der neun von Deutschland besetzten europäischen Länder, nämlich Belgien, Tschechoslowakei, Frankreich, Griechenland, Holland, Jugoslawien, Luxemburg, Norwegen und Polen.

---

14 Vgl. Leszcynski, a. a. O., S. 10.
15 Taylor, a. a. O., S. 11.

Aus dieser Konferenz ging am 13. Januar 1942 eine gemeinsame Erklärung[16] hervor, die betonte:

> „…internationale Solidarität sei notwendig, um Racheakte der Bevölkerung als Reaktion gegen die Gewaltakte zu vermeiden und um den Gerechtigkeitssinn der zivilisierten Welt zu befriedigen."[17]

In dieser Erklärung machten die Unterzeichner weiterhin deutlich, dass die Bestrafung der für die Verbrechen Verantwortlichen eines ihrer wichtigsten Kriegsziele sei. Dabei sollte die Aburteilung unbedingt auf dem Rechtswege erfolgen, gleichgültig, ob die Betreffenden alleinschuldig oder mitverantwortlich für die Verbrechen waren, ob sie Träger der Befehlsgewalt waren oder lediglich Ausführer von Befehlen oder in irgendeiner anderen Form daran beteiligt waren. Entscheidendes Moment der Erklärung von St. James waren die für die Angeklagten garantierten ordentlichen Gerichtsverfahren. „Die Erklärung von St. James verlangte Verhandlungen durch ordentliches Gerichtsverfahren und sah die Bestrafung nur für Personen vor, die vor Gericht gestellt und für schuldig befunden worden waren."[18] Mit der Anerkennung dieser Erklärung durch die Vereinigten Staaten, Großbritannien und die Sowjetunion wurde bekräftigt, dass die von den Deutschen begangenen Kriegsverbrechen durch Gerichtsverfahren behandelt werden sollten.

Ein weiterer wichtiger Schritt in der Entwicklung eines internationalen Programms gegen die Kriegsverbrecher wurde mit der Moskauer Konferenz getan. Am 1. November 1943 gaben die drei beteiligten Großmächte USA, Großbritannien und Sowjetunion bekannt, dass die Beteiligten an den NS- und Kriegsverbrechen von den Gerichten der Staaten abgeurteilt werden sollten, auf deren Territorium sie ihre Taten begangen hatten. Ausgenommen davon blieben ausdrücklich die „Hauptkriegsverbrecher", deren Verbrechen sich nicht auf einen geographisch eingrenzbaren Bereich beschränkt hatten. Sie sollten aufgrund einer gemeinsamen Entscheidung der Regierungen der alliierten Mächte bestraft werden.[19] Nachdem die Vereinigten Staaten bereits Anfang Mai 1945 anlässlich zwangloser Beratungen den diplomatischen Vertretern von Frankreich, der Sowjetunion und Großbritannien einen Plan zur Errichtung eines internationalen Militärgerichtshofes unterbreitet hatten, trafen sich Vertreter selbiger Nationen am 26. Juni 1945 in London zu einer Konferenz. Während dieser Zu-

---

16 Vgl. Taylor, a. a. O., S. 12.
17 Zitiert nach Taylor, a. a. O., S. 12.
18 Ebd., S. 12.
19 Vgl. Rückerl, a. a. O., S. 88.

sammenkunft erarbeiteten die Beteiligten ein „Abkommen über die Verfolgung und Bestrafung der Hauptkriegsverbrecher der europäischen Achse" sowie eine „Verfassung der Internationalen Militärgerichte". Das als „Londoner Abkommen" oder „Londoner Charta" bekannt gewordene Abkommen wurde am 8. August 1945 unterzeichnet.[20]

Hauptbestandteil war, dass ein von Großbritannien, den USA, Frankreich und der Sowjetunion gebildeter internationaler Gerichtshof über die den Hauptkriegsverbrechern zur Last gelegten Taten zu urteilen hatte.[21]

Tatsächlich wurde dann auch am 18. Oktober 1945 Anklage gegen 24 Einzelpersonen und sechs Gruppen oder Organisationen erhoben. Dieser Prozess ist als „Nürnberger Prozess" in die Geschichte eingegangen. Der ursprüngliche Plan der Alliierten, weitere Prozesse vor dem Internationalen Militärgerichtshof gegen solche Personen zu führen, die während der Zeit des Nationalsozialismus leitende Stellungen bekleideten, wurde bald fallengelassen. Das komplizierte und zeitraubende Verfahren des IMT mit vier Gruppen von Richtern und Staatsanwälten und dem umständlichen viersprachigen Verfahren erwies sich als nicht geeignet, um alle diejenigen anzuklagen, die in die beschriebene Gruppe fielen. Eine zusätzliche und einfacher funktionierende juristische Einrichtung war also erforderlich, und so wurde am 20. Dezember 1945 durch die Gouverneure der Zonen der vier Besatzungsmächte das Kontrollratsgesetz Nr. 10 verkündet, welches auch die Grundlage für den Einsatzgruppenprozess vor dem amerikanischen Militärgerichtshof in Nürnberg bildete.[22]

1.2 Das Kontrollratsgesetz Nr. 10

Das Kontrollratsgesetz Nr. 10 vom 20. Dezember 1945 wurde vom alliierten Kontrollrat erlassen, „um die Bestimmungen der Moskauer Deklaration vom 30. Oktober 1943 und des Londoner Abkommens vom 8. August 1945, sowie des im Anschluss daran erlassenen Grundgesetzes zur Ausführung zu bringen, und um in Deutschland eine einheitliche Rechtsgrundlage zu schaffen, welche die Strafverfolgung von Kriegsverbrechern und anderen Missetätern dieser Art –

---

20 Vgl. Michael Ratz, Die Justiz und die Nazis – Zur Strafverfolgung von Nazismus und Neonazismus seit 1945, Frankfurt am Main 1979, S. 15 ff.

21 Ebd., S. 16. Zum Statut des Internationalen Militärgerichtshofes vgl. auch Peter Steinbach, Nationalsozialistische Gewaltverbrechen – Die Diskussion in der deutschen Öffentlichkeit nach 1945, Berlin 1981, S. 23 f.

22 Vgl. Taylor, a. a. O., S. 22.

mit Ausnahme derer, die von dem Internationalen Militärgerichtshof abgeurteilt werden – ermöglicht..."[23]

Das Gesetz war die Grundlage für die Bestrafung von Personen, die sich Kriegsverbrechen, Verbrechen gegen die Menschlichkeit oder Verbrechen gegen den Frieden schuldig gemacht haben. Die substantiellen Bestimmungen des Kontrollratsgesetzes Nr. 10, die auf diesen Fall zutrafen, lauten wie folgt:

„Art. II, 1 (b) *Kriegsverbrechen.* Gewalttaten oder Vergehen gegen Leib, Leben oder Eigentum, begangen unter Verletzung der Kriegsgesetze oder -gebräuche, einschließlich der folgenden den obigen Tatbestand jedoch nicht erschöpfenden Beispiele: Mord, Mißhandlung der Zivilbevölkerung der besetzten Gebiete oder ihre Verschleppung zur Zwangsarbeit oder zu anderen Zwecken; Mord oder Mißhandlung von Kriegsgefangenen oder Personen auf hoher See; Tötung von Geiseln; Plünderung von öffentlichem oder privatem Eigentum; mutwillige Zerstörung von Stadt oder Land; oder Verwüstungen, die nicht durch militärische Notwendigkeit gerechtfertigt sind.

(c) *Verbrechen gegen die Menschlichkeit.* Gewalttaten und Vergehen, einschließlich der folgenden den obigen Tatbestand jedoch nicht erschöpfenden Beispiele: Mord, Ausrottung, Versklavung, Zwangsverschleppung, Freiheitsberaubung, Folterung, Vergewaltigung oder andere an der Zivilbevölkerung begangene unmenschliche Handlungen; Verfolgung aus politischen, rassischen oder religiösen Gründen, ohne Rücksicht darauf, ob sie das nationale Recht des Landes, in welchem die Handlung begangen worden ist, verletzen.

(d) Zugehörigkeit zu gewissen Kategorien von Verbrechervereinigungen oder Organisationen, deren verbrecherischer Charakter vom Internationalen Militärgerichtshof festgestellt worden ist.

2. Ohne Rücksicht auf seine Staatsangehörigkeit oder die Eigenschaft, in der er handelte, wird eines Verbrechens nach Maßgabe von Ziffer 1 dieses Artikels für schuldig erachtet, wer (a) als Täter oder (b) als Beihelfer bei der Begehung eines solchen Verbrechens mitgewirkt oder es befohlen oder begünstigt oder

(c) durch seine Zustimmung daran teilgenommen hat oder (d) mit seiner Planung oder Ausführung in Zusammenhang gestanden hat oder (e) einer Organisation oder Vereinigung angehört hat, die mit seiner Ausführung in Zusammenhang stand, oder (f) soweit Ziffer 1(a) in Betracht kommt, wer in Deutschland oder in einem mit Deutschland verbündeten, an seiner Seite kämpfenden oder Deutschland Gefolgschaft leistenden Lande eine gehobene politische, staatliche oder militärische Stellung (einschließlich einer Stellung im Generalstab) oder eine solche im finanziellen, industriellen oder wirtschaftlichen Leben innegehabt hat."[24]

---

23 Gesetz Nr. 10 des Alliierten Kontrollrats, veröffentlicht im Amtsblatt des Kontrollrats in Deutschland, Nr. 3 vom 31. Januar 1946, S. 50 ff.
24 Gesetz Nr. 10 des Kontrollrats, veröffentlicht im Amtsblatt des Kontrollrats in Deutschland, Nr. 3 vom 31. Januar 1946, S. 50 ff.

Die vorgesehenen Strafen für diejenigen, die eines Verbrechens gemäß Art. II, Ziffer 1 und 2 des Gesetzes Nr. 10 für schuldig befunden und verurteilt worden sind, finden sich unter Ziffer 3 des Gesetzes. Demgemäß konnten folgende Strafen alleine oder nebeneinander verhängt werden:

> „(a) Tod, (b) lebenslängliche oder zeitlich begrenzte Freiheitsstrafe mit oder ohne Zwangsarbeit, (c) Geldstrafe und, im Falle ihrer Uneinbringlichkeit, Freiheitsstrafe mit oder ohne Zwangsarbeit, (d) Vermögenseinziehung, (e) Rückgabe unrechtmäßig erworbenen Vermögens, (f) völliger oder teilweiser Verlust der bürgerlichen Ehrenrechte."[25]

2. Das Urteil

2.1 Die Angeklagten und ihre Strafen

Wie bereits erwähnt, verblieben von den ehemals 24 Angeklagten im Einsatzgruppenprozess lediglich 22, gegen die ein Urteil erging. Die folgende Übersicht zeigt die Namen der Angeklagten und die Urteile, die verhängt wurden. Der Buchstabe M bedeutet Verbrechen gegen die Menschlichkeit, insbesondere Massenmorde und Ausrottung von Minderheiten; der Buchstabe K bedeutet Kriegsverbrechen, insbesondere Verbrechen gegen Kriegsgefangene; der Buchstabe O bedeutet Mitgliedschaft in einer der vom Internationalen Militärgerichtshof für verbrecherisch erklärten Organisation.[26] Die in Klammern gesetzten Zusätze hinter den Strafen zeigen an, ob die Strafen vollzogen oder gemildert wurden. Die Begnadigungen oder Strafmilderungen geschahen am 31.1.1951 auf Entscheidung des US-Hochkommissars. Soweit die Todesurteile nicht vollstreckt wurden, gab es weitere Begnadigungen. Die drei letzten der Verurteilten wurden 1958 entlassen.

Urteil vom 8. April 1948
Ohlendorf, Otto (EGr. D): M, K, O – Todesstrafe (hingerichtet)
Naumann, Erich (EGr. B): M, K, O – Todesstrafe (hingerichtet)
Schulz, Erwin (EK 5): M, K, O – 20 Jahre (15)
Six, Franz (SK 7c): M, K, O – 20 Jahre (10)
Blobel, Paul (SK 4a): M, K, O – Todesstrafe (hingerichtet)
Blume, Walter (SK 7a): M, K, O – Todesstrafe (25)
Sandberger, Martin (EK 1a): M, K, O – Todesstrafe (lebenslänglich)
Seibert, Willy (EGr. D): M, K, O – Todesstrafe (15)
Steimle, Eugen (SK 7a): M, K, O – Todesstrafe (20)

---

25 Gesetz Nr. 10 des Kontrollrats, veröffentlicht im Amtsblatt des Kontrollrats in Deutschland, Nr. 3 vom 31. Januar 1946, S. 50 ff.
26 Hierbei ist damit die SS gemeint.

Biberstein, Ernst (EK 6): M, K, O – Todesstrafe (lebenslänglich)
Braune, Werner (SK 11b): M, K, O – Todesstrafe (hingerichtet)
Hänsch, Walter (SK 4b): M, K, O – Todesstrafe (15)
Noßke, Gustav (EK 12): M, K, O – lebenslänglich (10)
Ott, Adolf (SK 7b): M, K, O – Todesstrafe (lebenslänglich)
Strauch, Edward (EK 2): M, K, O – Todesstrafe (an Belgien ausgeliefert und dort am 16.9.1955 in einem Brüsseler Krankenhaus gestorben.)
Klingelhöfer, Waldemar (SK 7c): M, K, O – Todesstrafe (lebenslänglich)
Fendler, Lothar (SK 4b): M, K, O – 10 Jahre (8)
von Radetzky, Waldemar (SK 4a): M, K, O – 20 Jahre (5 3/4)
Rühl, Felix (EK 12): O – 10 Jahre (5 3/4)
Schubert, Heinz (EGr. D): M, K, O – Todesstrafe (1O)
Graf, Mathias: O – 3 Jahre (verbüßt)
Jost, Heinz (EGr. A): M, K, O – lebenslänglich (10)[27]

Was den Werdegang der einzelnen Verurteilten angeht, so soll hier nicht auf die Einzelpersonen eingegangen werden. Fest steht, dass alle Angehörige der SS waren und leitende Funktionen innerhalb der Einsatzgruppen bekleideten.[28] Meines Erachtens ist deshalb davon auszugehen, dass die Verurteilten Verfechter der nationalsozialistischen Ideologie waren und in klarem Bewusstsein über die Folgen des von ihnen ausgeführten Vernichtungsbefehls handelten. Zumeist waren diese Männer schon früh Anhänger des Nationalsozialismus geworden und verdankten ihm ihre bisherige Laufbahn, die bei vielen allerdings festgefahren oder in unerwünschter Richtung verlaufen war. Den Einsatz im Osten sahen sie als „Chance zur Bewährung".[29]

2.2 Die rechtliche Würdigung

In diesem Kapitel sollen die wesentlichen Argumente des Gerichts, welche dieses zur Begründung seines Urteils angab, in komprimierter Form dargestellt werden. Aus der Form der Darstellung ergibt sich, dass dabei nicht auf den einzelnen Angeklagten einzugehen sein wird, sondern vielmehr die Gesamtheit der Urteilsbegründung zu betrachten ist.

In der Anklageschrift, die am 25. Juli 1947 eingereicht wurde, werden die in ihr aufgeführten Angeklagten der Verbrechen gegen die Menschlichkeit, Kriegsverbrechen und Mitgliedschaft in verbrecherischen Organisationen beschuldigt.

---

27 Zitiert nach Kempner, a. a. O., S. 18.
28 Vgl. S. 33.
29 Vgl. Friedrich, a. a. O., S. 98.

Es geht dabei um den nahezu unvorstellbaren Mord an abertausenden von unschuldigen Menschen. Dazu ist im Urteil des Gerichts zu lesen:

> „... Aber es war dem 20. Jahrhundert vorbehalten, eine solche nie dagewesene Orgie des Mordes hervorzubringen, daß man sogar ein neues Wort zu seiner Definition schaffen mußte..."[30]

Das Gericht hob bei seinem Urteilsspruch besonders hervor, dass die Angeklagten direkt und vor Ort an den Verbrechen beteiligt waren und sich nicht auf eine kilometerweite Entfernung berufen konnten. Dabei wurde von dem Gericht immer wieder die Grausamkeit und Unmenschlichkeit der Verbrechen betont:

> „Es wird ganz besonders ausgeführt, daß diese Männer am Tatort eigenhändig die blutige Ernte beaufsichtigten, überwachten, leiteten und daran teilnahmen. Falls das, was die Anklage unterstellt wahr ist, haben wir hier Teilnahme an einem Verbrechen von solch nie dagewesener Brutalität und von solch unfaßbarer Grausamkeit, daß der Geist sich gegen die Vorstellung auflehnt und es der Einbildungskraft schwindelt bei Betrachtung einer Erniedrigung, die die menschliche Sprache nicht zu schildern vermag. Das Verbrechen schloß die Hinopferung von Frauen und Kindern nicht aus, die bisher selbst vom unversöhnlichen und primitiven Feind als ihre besonderen Schutzbefohlenen betrachtet wurden..."[31]

Wie schon erwähnt, stützte sich vor allem die Anklagebehörde im Zuge ihrer Beweisführung hauptsächlich auf originale Dokumente wie die Ereignismeldungen der Einsatzgruppen. Der Gerichtshof benutzte diese Dokumente und zitierte ausführlich aus ihnen, um die Taten, derer die Angeklagten beschuldigt wurden, zu belegen und zu beweisen. Dabei kamen keinen Augenblick Zweifel an der Echtheit der Berichte auf, denn wie das Gericht ausführte, wurde die „... Geschichte der Einsatzgruppen und Einsatzkommandos... nicht etwa viele Jahre nach Begehung ihrer blutigen Taten zusammengetragen... Die Geschichte wurde zu der Zeit niedergeschrieben, als sich die Dinge, über die sie berichtet, ereigneten, und sie wurde von jenen niedergeschrieben, die jene Taten begingen. Sie ist mit der Bündigkeit und Genauigkeit, die militärische Disziplin und Genauigkeit der Berichterstattung fordern, abgefaßt..."[32]

Das Gericht hatte sich bei seiner Urteilsbegründung hauptsächlich mit den Einwendungen der Verteidigung bezüglich der rechtlichen Zuständigkeit des Gerichts und der Rechtmäßigkeit des Kontrollratsgesetzes Nr. 10 auseinanderzu-

---

30 Aus dem Urteil des amerikanischen Militärgerichtshofes Nr. II, Fall 9, abgedruckt bei Leszcynski, a. a. O., S. 29.

31 Ebd., S. 29.

32 Urteil des amerikanischen Militärgerichtshofes Nr. II, Fall 9, abgedruckt bei Leszcynski, a. a. O., S. 34.

setzen. Dabei griffen die Verteidiger das Gesetz vor allem mit dem Grundsatz an, dass niemand für eine Handlung bestraft werden kann, die zum Zeitpunkt ihrer Begehung nicht verboten war. Weiterhin bezweifelte die Verteidigung, dass das Völkerrecht auf Einzelpersonen angewendet werden könne. Außerdem beriefen sich die Angeklagten zu ihrer Exkulpation auf Notwehr bzw. Notstand und Handeln auf höheren Befehl. Einige der Angeklagten plädierten auf Nicht-Beteiligung, um ihrer Strafe zu entgehen. Dazu ist zu bemerken, dass die Beweisführung eindeutig die Beteiligung der Angeklagten an den ihnen zur Last gelegten Taten ergeben hatte. Vielfach ließ die Beweislast (z. B. die Verlesung der Ereignismeldungen) keinen anderen Schluss zu, und mindestens die Zugehörigkeit zu einer verbrecherischen Organisation, nämlich der SS, konnte den Angeklagten nachgewiesen werden. Andere der Angeklagten gaben während der Vernehmungen ihre Teilnahme an den Taten selber zu. So hat z. B. Ohlendorf bereits in seiner Aussage vor dem Internationalen Militärgericht erklärt, dass seine Einsatzgruppe laut den Meldungen 90.000 Menschen tötete.[33]

2.2.1 Die rechtliche Zuständigkeit des Gerichts und Rechtmäßigkeit des Kontrollratsgesetzes Nr. 10

Im Zuge ihrer Angriffe auf das Gesetz Nr. 10 brachte die Verteidigung vor, dass dieses Gesetz im vorliegenden Falle nicht anwendbar wäre, weil Russland am 23. August 1939 ein geheimes Abkommen mit Deutschland unterzeichnet habe[34], wonach es sich mit einer Teilung Polens einverstanden erklärte. Aus diesem Grunde hielt es die Verteidigung für unrechtmäßig, dass Russland als Teilnehmer des alliierten Rates an der Formulierung des Kontrollratsgesetzes Nr. 10 beteiligt war und somit also dieses Gesetz nicht zur Anwendung kommen dürfe.

Der Gerichtshof wies diese Vorwürfe zurück, indem er feststellte, dass die *„Vorkriegsbeziehungen zwischen Rußland und Deutschland in diesem Falle unerheblich sind.“*[35] Weiterhin war *„Rußlands Teilnahme an dem alliierten Rat, der das Kontrollratsgesetz Nr. 10 formulierte, rechtmäßig und korrekt und vollkommen im Einklang mit dem Völkerrecht.“*[36]

---

33 Vgl. Das Urteil des amerikanischen Militärgerichtshofes Nr. II, Fall 9, abgedruckt bei Leszcynski, a. a. O., S. 51.
34 Hitler-Stalin-Pakt.
35 Urteil des amerikanischen Militärgerichtshofes Nr. II, Fall 9, abgedruckt bei Leszcynski, a. a. O., S. 82.
36 Ebd., S. 82.

Dem Einwand der Verteidigung, dass das Gesetz Nr. 10 ein Mittel zur Sieger-justiz über eine unterlegene Nation darstellte und mehr oder weniger aus der Luft gegriffen sei und jeglicher Rechtsgrundlage entbehre, stellte das Gericht ge-genüber, dass die Rechtsanwälte nicht Deutschland als eine Nation verteidigten. *„Sie vertreten [vielmehr] Einzelpersonen, die bestimmter Verbrechen gemäß Gesetz Nr. 10 beschuldigt sind, welches ebenso wie das Statut des Internationalen Militär-gerichtshofes, nicht einen willkürlichen Machtspruch der Siegernation darstellt, son-dern der Ausdruck des zur Zeit seiner Schaffung bestehenden Völkerrechts ist. Das Kontrollratsgesetz Nr. 10 ist nur die Kodifizierung und systematische Anordnung von schon bestehenden Rechtsprinzipien, Regeln und Gebräuchen.“*[37]

Dabei ist hervorzuheben, dass das nationalsozialistische Deutschland zweifel-los einen Angriffskrieg geführt hat. Seit dem Briand-Kellog-Pakt von 1928 wird die Führung eines jedweden Angriffskrieges für völkerrechtswidrig erachtet, und dieser festgeschriebenen Regel unterlag auch Deutschland.[38]

Ganz besonders wurde die Rechtmäßigkeit des Gesetzes mit dem Grundsatz, dass niemand für eine Handlung bestraft werden kann, die zur Zeit ihrer Bege-hung nicht verboten war, angezweifelt.[39] Der Gerichtshof konstatierte, dass *„das spezielle Gesetzeswerk für die Aburteilung von Kriegsverbrechern nur eine Maschi-nerie zur tatsächlichen Anwendung bereits bestehenden Völkerrechts geschaffen“* habe.[40]

In dem Gesetz Nr. 10 wurden also lediglich bereits bestehende und allgemein gültige völkerrechtliche Grundsätze schriftlich fixiert. Zur Untermauerung seiner Position zitierte das Gericht die Entscheidung des Internationalen Militärgerichts-hofes vom 30. September 1946, die besagte:

„Völkerrecht ist nicht das Ergebnis einer internationalen Gesetzgebung... Dieses Recht ist nicht statisch, sondern folgt durch ständige Angleichung den Notwendigkeiten einer sich wandelnden Welt.“[41]

---

37 Urteil des amerikanischen Militärgerichtshofes Nr. II, Fall 9, abgedruckt bei Leszcynski, a. a. O., S. 82.

38 Vgl. Ossip K. Flechtheim, Die Nürnberger Prozesse in: Martin Hirsch/Norman Paech/ Gerhard Stuby (Hrsg.), Politik als Verbrechen – 40 Jahre „Nürnberger Prozesse“, Ham-burg 1986, S. 23.

39 Lat. nullum crimen sine lege, nulla poena sine lege.

40 Urteil des amerikanischen Militärgerichtshofes Nr. II, Fall 9, abgedruckt bei Leszcynski, a. a. O., S. 84.

41 Ebd., S. 83.

Das Gericht verwies weiterhin auf die Haager Konvention,[42] die eine Kodifizierung einiger Gebiete des Völkerrechts darstellt. Auch Deutschland übernahm mit der Unterzeichnung der Haager Landkriegsordnung Verpflichtungen hinsichtlich der Behandlung der Zivilbevölkerung besetzter Gebiete. *„Diese Regeln verurteilen ohne Ausnahme und ganz allgemein die willkürliche Tötung von Nicht-Kombattanten."*[43] Der Gerichtshof wies darauf hin, dass die Angeklagten des Mordes beschuldigt seien und außer Zweifel stünde, *„daß die Angeklagten den Massentötungen räumlich so nahestanden, um eine Erklärung ihrerseits zwecks Feststellung ihrer Schuld oder Unschuld erforderlich zu machen – und wem gegenüber sollen sie eine solche Erklärung zur Entscheidung über ihre Unschuld oder Schuld abgeben? Soll einer Million Toter aus der nichtmilitärischen Bevölkerung die Rechtswohltat der richterlichen Untersuchung versagt werden, weil kein Gerichtshof dabeistand und auf die Festnahme der Verdächtigen wartete?"*[44]

Das Argument der Verteidigung, völkerrechtliche Verantwortung beziehe sich nicht auf Einzelpersonen, entkräftete das Gericht konstatierend, dass Nationen als solche nur durch Einzelpersonen handeln könnten und *„...als Deutschland die Haager und Genfer Konvention unterzeichnete, ratifizierte und verkündete, verpflichtete es jeden seiner Untertanen zu deren Einhaltung."*[45] Zumal, wie das Gericht ausführte, *„die Aufmerksamkeit jedes deutschen Soldaten... direkt in seinem Soldbuch auf die vom Völkerrecht auferlegten Beschränkungen gelenkt"* wurde.[46] Dort stand unter Artikel 7 „Die Zivilbevölkerung ist unverletzlich."

2.2.2 Notwehr und Notstand

Die Angeklagten ließen sich zu ihrer Entlastung dahingehend ein, dass sie die ihnen zur Last gelegten Taten unter den Voraussetzungen *a) vermeintlicher Notwehr zugunsten Dritter; b) vermeintlichen Notstandes zur Rettung eines Dritten aus unmittelbar anders nicht abwendbarer Gefahr* begangen hätten.[47] Mit dem „Dritten" war hierbei Deutschland gemeint. Die Angeklagten behaupteten demnach ernsthaft, die Massentötungsaktionen der Einsatzgruppen wären aus einer zumindest vermeintlichen Notwehrsituation entstanden und lediglich zum Schutze Deutsch-

---

42 Im Rahmen der Haager Friedenskonferenzen (1899 und 1907) in Den Haag unterzeichnete Abkommen, hier insbesondere die Haager Landkriegsordnung.

43 Urteil des amerikanischen Militärgerichtshofes Nr. II, Fall 9 abgedruckt bei Leszcynski, a. a. O., S. 84.

44 Ebd., S. 84.

45 Ebd., S. 86.

46 Ebd., S. 86.

47 Vgl. ebd., S. 87/88.

lands durchgeführt worden. Die Juden galten für die Nationalsozialisten als Träger des Bolschewismus und somit auch als Gefahr für Deutschland. Der später in der Bundesrepublik führende Strafrechtler Dr. Reinhard Maurach betätigte sich als Gutachter für Ohlendorf und hielt ihm die Überzeugung zugute, *„daß er ein geringeres Rechtsgut opfert, um ein höheres zu bewahren"*[48]: das Leben der Juden zugunsten der Wohlfahrt des Deutschen Reiches. Nachdem Maurach zunächst generelle Ausrottungsmaßnahmen als Kriegsakt abgelehnt hatte, *„erklärte er, in einer herrlichen Demonstration juristischer Akrobatik, daß, falls die Kriegsziele eines der Gegner total seien, der Gegner das Recht habe, sich auf Notwehr oder Notstand zu berufen und deshalb die Massentötungen durchführen könne..."*[49] Zu diesem unglaublichen Wendemanöver äußerte das Gericht: *„Auch Kombattanten können nur in Einklang mit feststehenden Regeln getötet oder ihnen irgendwelches andere Leid zugefügt werden. Und in den elementarischen Kriegsregeln steht nichts davon, daß es erlaubt sei, feindliche Zivilpersonen zu töten nur aus dem Grunde, weil sie für >gefährlich< erachtet wurden."*[50]

Überhaupt war der Gerichtshof der Auffassung, dass nach der Rechtstheorie Maurachs jeder Kriegführende in bedrängter Lage einseitig die Kriegsrechte aufheben dürfe, und unter diesen Umständen damit zu rechnen sei, dass jegliche Kriegsregeln ganz verschwinden würden. Wie sehr sich das Gericht über die Darstellung Maurachs und die dazugehörigen Ausführungen der Verteidigung entrüstete, macht folgendes Zitat deutlich: *„Die Tatsache, daß dieses erstaunliche Argument allen Ernstes vorgebracht wird, beweist, wie ungeheuer groß die Notwendigkeit ist für eine Neubewertung der Heiligkeit des Lebens und des Unterschieds zwischen Patriotismus und Mord."*[51]

2.2.3 Höherer Befehl

Das Argument des Handelns auf höheren Befehl und die Angst für Leib und Leben bei Befehlsverweigerung sollten auch noch in den folgenden Jahren vor den bundesdeutschen Gerichten Argumente der Verteidiger der Einsatzgruppentäter sein.[52]

---

48 Zitiert nach Friedrich, a. a. O., S. 98.
49 Urteil des amerikanischen Militärgerichtshofes Nr. II, Fall 9, abgedruckt bei Leszcynski, a. a. O., S. 91.
50 Ebd., S. 89.
51 Urteil des amerikanischen Militärgerichtshofes Nr. II, Fall 9, abgedruckt bei Leszcynski, a. a. O., S. 89.
52 Dieses Argument ist von den bundesdeutschen Richtern allerdings nicht anerkannt worden. Vgl. dazu Kap. IV, 3.3 u. 3.4.

Die Angeklagten, die vor dem amerikanischen Militärgerichtshof die Teilnahme an den Massentötungen zugaben, plädierten, dass sie auf militärischen Befehl gehandelt und deshalb keinen eigenen Willen gehabt hätten. Die in dieser Aussage enthaltene Frage nach der Dimension des Gehorsams eines Soldaten bewertete das Gericht folgendermaßen: *„Der Gehorsam eines Soldaten ist kein automatischer Gehorsam. Ein Soldat ist ein denkendes Wesen. Er reagiert nicht wie eine Maschine, was auch nicht von ihm erwartet wird. Es ist ein weitverbreiteter Irrtum, daß ein Soldat alles tun muß, was sein vorgesetzter Offizier ihm anbefiehlt."*[53] Außerdem sei der Untergebene nur verpflichtet, den rechtmäßigen Befehlen seines Vorgesetzten zu gehorchen. Wenn er aber Befehle zur Durchführung des verbrecherischen „Führerbefehls" annähme und durchführe, könne er sich nicht auf höheren Befehl als Milderungsgrund berufen. Dieser Einwand bedürfe zu seiner Gültigkeit des Nachweises entschuldbarer Unwissenheit über seine Rechtswidrigkeit. Dieses konnte den Angeklagten nicht zugestanden werden, da der „Führerbefehl", der die Tötung von abertausend unschuldiger Zivilisten anordnete, unvereinbar mit dem Völkerrecht war und jeglichen Kriegsgebräuchen und -gesetzen widersprach. Die Rechtswidrigkeit dieses Befehls war also unübersehbar.

Unter gewissen Umständen ist aber selbst die Durchführung verbrecherischer Befehle zu entschuldigen, nämlich, wenn bei Nicht-Ausführung Gefahr für Leib und Leben des Untergebenen bestünde. Dazu äußerte das Gericht: *„Es soll hier gleich gesagt werden, daß es kein Gesetz gibt, das einen unschuldigen Menschen dazu zwingt, sein Leben zu riskieren oder ernstlichen Schaden zu erleiden, nur um die Begehung eines Verbrechens zu vermeiden, welches er verdammt. Die Gefahr jedoch muß drohend sein, tatsächlich und unvermeidlich."*[54] Dem Gericht stellte sich nun die Frage, inwieweit die Angeklagten unter Gewaltandrohung zur Ausführung des Mordauftrags gezwungen wurden bzw. welche Möglichkeiten sich boten, sich der Ausführung des verbrecherischen Befehls zu entziehen. Dazu ist zu sagen, dass kein Fall dokumentiert ist, bei dem ein Untergebener wegen Verweigerung der Durchführung des Mordbefehls selbst zu Schaden gekommen ist. Die Berufung auf Gefahr für Leib und Leben bei Befehlsverweigerung war also vor Gericht nicht haltbar. Außerdem ergaben die Zeugenaussagen, dass durchaus die Möglichkeit bestand, sich den Tötungsaktionen der Einsatzgruppen zu entziehen. Die Betreffenden wurden dann nach Deutschland zurückgeschickt und

---

53 Urteil des amerikanischen Militärgerichtshofes Nr. II, Fall 9, abgedruckt bei Leszcynski, a. a. O., S. 97.
54 Urteil des amerikanischen Militärgerichtshofes Nr. II, Fall 9, abgedruckt bei Leszcynski, a. a. O., S. 109.

kamen anderweitig zum Einsatz.[55] Die Angeklagten nahmen allerdings für sich selbst die Möglichkeit der Versetzung nicht in Anspruch. Sie erklärten lediglich, dass nichts zu machen gewesen sei. Der Gerichtshof zog daraus folgenden Schluss:

> „Die Unterlassung des Versuchs, sich einer solch katastrophalen Aufgabe zu entziehen, kann sehr wohl zu dem Schluß führen, daß der fragliche Angeklagte keinen tieferen Wunsch auf seine Ablösung hegte."[56]

Folglich hatte der Einwand des Handelns auf höheren Befehl, bzw. Handeln in einem Befehlsnotstand vor dem Gerichtshof keinen Bestand.

Mehrere Verteidiger erklärten, eine Befehlsverweigerung wäre sinnlos gewesen, da ein Nachfolger die Aufgaben übernommen hätte. Das Gericht hielt auch diesen Einwand für nicht treffend, denn die Angeklagten standen schließlich wegen ihrer eigenen individuellen Schuld vor Gericht.

> „Kein Angeklagter weiß, was sein Nachfolger getan hätte. Er hätte auch möglicherweise sein Widerstreben zum Ausdruck bringen können, und bei einer Anzahl aufeinander-folgender Weigerungen... hätte dann der Befehl selbst wahrscheinlich seine Wirksamkeit verloren."[57]

---

55 Vgl. ebd., S. 111. Eine detaillierte Ausführung zur Bedeutung des Befehlsnotstandes bei nationalsozialistischen Gewaltverbrechen bei Herbert Jäger, Verbrechen unter totalitärer Herrschaft, Frankfurt am Main 1982.
56 Urteil des amerikanischen Militärgerichtshofes Nr. II, Fall 9, abgedruckt bei Lesczynski, a. a. O., S. 112.
57 Urteil des amerikanischen Militärgerichtshofes Nr. II, Fall 9, abgedruckt bei Leszcynski, a. a. O., S. 115.

IV Die Prozesse gegen Einsatzgruppenverbrecher vor Bundesdeutschen Gerichten

Mit dem Ende des Prozesses gegen die Einsatzgruppentäter vor dem amerikanischen Militärgerichtshof in Nürnberg und den ergangenen Strafen hätte man meinen können, dass für die Zukunft ein Zeichen gesetzt worden wäre. In seiner Urteilsbegründung gab das Gericht eine deutliche Einschätzung der von Einsatzgruppenleuten begangenen Taten ab und es hätte meines Erachtens erwartet werden können, dass die bundesdeutschen Gerichte dem Muster der Urteilsbegründung folgen und zu ähnlich hohen Strafen kommen würden. Immerhin war die rechtliche Würdigung durch das Gericht in ihrer historischen und auch rechtlichen Genauigkeit kaum zu übertreffen und hätte somit den bundesdeutschen Gerichten gewissermaßen den Weg bei ihrer Urteilsfindung weisen können. Das Verfahren in Nürnberg hat deutlich gemacht, mit welcher Grausamkeit und Unmenschlichkeit die Einsatzgruppentäter im Zuge ihrer Mordaktionen vorgingen, ohne Rücksicht auf Zivilpersonen. Ihre Opfer waren durchweg unschuldige Männer, Frauen und Kinder. Wie die bundesdeutschen Gerichte mit diesen Fakten umgegangen und zu welchen Ergebnissen sie gekommen sind in Bezug auf weitere Einsatzgruppentäter wird im Folgenden zu untersuchen sein.

1. Wiedereinsetzung der deutschen Justiz

Nach dem Zusammenbruch der nationalsozialistischen Herrschaft und der Besetzung Deutschlands durch die Truppen der alliierten Siegermächte war die Tätigkeit der deutschen Gerichte und Strafverfolgungsbehörden zunächst zum Erliegen gekommen. Das Gesetz Nr. 2 der Militärregierung ordnete in Art. I die vorübergehende Schließung aller ordentlichen Gerichte und Verwaltungsgerichte an. Ihre Wiedereröffnung erfolgte gemäß Art. III des Gesetzes jeweils auf schriftliche Anweisungen der Militärregierungen im Spätsommer und Herbst 1945.[1] Wenn man die Anfänge der deutschen Justiz und ihre Strafverfolgung von NS-Verbrechern betrachtet, so muss berücksichtigt werden, dass die Siegermächte in den ersten Jahren nach Kriegsende die Bestrafung von NS-Verbrechen,

---

1 Vgl. Martin Broszat, Siegerjustiz oder strafrechtliche „Selbstreinigung" in: Vierteljahreshefte für Zeitgeschichte, H. 4/1981, S. 482 ff.

besonders wenn sie gegen Staatsangehörige einer alliierten Nation begangen worden waren, selbst vornehmen wollten. Den Rahmen für die Beteiligung der deutschen Justiz an der Verfolgung von NS-Verbrechen setzten die Alliierten durch eine Reihe von Proklamationen und Gesetzen, die Grundsätze und Beschränkungen der deutschen Justiztätigkeit festlegten. In diesen politischen Rahmen fällt das Kontrollratsgesetz Nr. 4 vom 30. Oktober 1945 zur „Umgestaltung des deutschen Gerichtswesens".[2] In Art. III wurde die Zuständigkeit der deutschen Gerichte geregelt. Hiernach wurde den wiederzugelassenen Amts-, Land- und Oberlandesgerichten jegliche Zuständigkeit für strafbare Handlungen, die sich gegen die alliierten Streitkräfte richteten, ebenso untersagt, wie für Straftaten der NS-Zeit, *die sich gegen Staatsangehörige alliierter Nationen oder deren Eigentum"* gerichtet hatten.[3] Mit Artikel IV dieses Gesetzes sollte auch schon eine umfassende Entnazifizierung der deutschen Justiz bewirkt werden. Die entsprechende Bestimmung lautete:

> *„Zwecks Durchführung der Umgestaltung des deutschen Gerichtswesens müssen alle früheren Mitglieder der Nazi-Partei, die sich aktiv für deren Tätigkeit eingesetzt haben, und alle anderen Personen, die an den Strafmethoden des Hitler-Regimes direkten Anteil hatten, ihres Amtes als Richter und Staatsanwalt enthoben werden und dürfen nicht zu solchen Ämtern zugelassen werden."*[4]

Das Problem der Entnazifizierung der deutschen Justiz soll hier nicht weiter ausgeführt werden, da dies den gesteckten Rahmen sprengen würde. Erwähnenswert ist aber allemal, dass die Entnazifizierung in den vier Besatzungszonen unterschiedlich streng durchgeführt worden ist. Während in der sowjetischen Besatzungszone kein ehemaliges Mitglied der NSDAP in sein früheres Amt als Richter oder Staatsanwalt zurückkehren sollte, wurde in den westlichen Besatzungszonen, auch nach dem Erlass der Kontrollratsdirektiven Nr. 24 und Nr. 38, in denen die Entnazifizierungsvorstellungen der Alliierten festgeschrieben worden sind, eine weniger konsequente Durchführung der oben genannten gesetzlichen Bestimmungen praktiziert.[5] Tatsache ist, dass viele nationalsozialistisch vorbelastete Richter und Staatsanwälte in der Bundesrepublik weiterhin ihren Dienst versahen und die vielfach milde Rechtsprechung gegen NS-Gewaltverbrecher verdeutlicht,

---

2   Amtsblatt des Kontrollrats in Deutschland, Nr. 2 vom 30. Novernber 1945, S. 20 ff.
3   Ebd., S. 20 ff.
4   Ebd., S. 20 ff.
5   Vgl. Rückerl, a. a. O., S. 106. Mehr zum Thema „Entnazifizierung" bei Steinbach, a. a. O.,
    S. 31 ff. u. bei Ratz, a. a. O., S. 53 ff. Der Text der Kontrollratsdirektiven Nr. 24 u. Nr. 38
    ist abgedruckt bei Ratz, a. a. O., S. 27 ff.

dass die Angeklagten oftmals einen Richter hatten, der die von ihnen begangenen Taten nur allzu gut nachvollziehen konnte.[6]

Mit dem Erlass des Kontrollratsgesetz Nr. 10 vom 20. Dezember 1945 erteilten die Alliierten in Artikel III Abs. 1d den deutschen Gerichten eine Zuständigkeitsermächtigung, die lediglich eine Verfolgung der von Deutschen an Deutschen oder an Staatenlosen begangenen Verbrechen umfasste. Die betreffende Bestimmung lautete:

> *„Für die Aburteilung von Verbrechen, die deutsche Staatsbürger oder Staatsangehörige gegen andere deutsche Staatsbürger oder Staatsangehörige oder gegen Staatenlose begangen haben, können die Besatzungsbehörden deutsche Gerichte für zuständig erklären.“*[7]

Die genannte Ermächtigung wurde in der britischen und französischen Besatzungszone generell und in der amerikanischen von Fall zu Fall erteilt. Die deutschen Gerichte hatten bei der Ahndung nationalsozialistischer Gewaltverbrechen nach den Vorschriften des Kontrollratsgesetzes Nr. 10 zu urteilen.[8] Delikte, die nicht von den Tatbeständen des Gesetz Nr. 10 erfasst wurden, wurden aufgrund der Bestimmungen des deutschen Strafrechts behandelt. Ein weiterer Schritt hin zur völligen Wiederherstellung bzw. Autonomie des deutschen Gerichtswesens wurde am 1. Januar 1950 mit Inkrafttreten des Gesetzes Nr. 13 des Alliierten Hohen Kontrollrats betreffend die „Gerichtsbarkeit auf den vorbehaltenen Gebieten" unternommen.[9] In Artikel I wurde der Zuständigkeitsausschluss deutscher Gerichte für bestimmte Straftatbestände geregelt, und NS-Gewaltverbrechen, auch soweit sie gegen Angehörige der alliierten Nationen begangen worden waren, wurden in diesem Artikel nicht mehr genannt. Artikel 14 des Gesetzes setzte außerdem das Kontrollratsgesetz Nr. 4 außer Anwendung. Das Kontrollratsgesetz Nr. 10 galt bis 1955 weiter. Für die deutschen Gerichte bedeutete der neue Sachverhalt, dass sie künftig auch gegen NS-Gewaltverbrecher vorgehen konnten, die ihre Taten gegen Angehörige der alliierten Nationen begangen hatten. Dabei durften sie das Kontrollratsgesetz Nr. 10 nicht anwenden, sondern hatten nach den Vorschriften des deutschen Strafrechts vorzugehen. Somit war den bundesdeutschen Gerichten jede rechtliche Möglichkeit gegeben, aufgrund des Strafgesetzbuches die nationalsozialistischen Gewaltverbrecher zu verfolgen und zu

---

6 Vgl. zur milden Urteilspraxis der Gerichte die Auswertung der Prozesse gegen Einsatzgruppentäter.

7 Amtsblatt des Kontrollrats in Deutschland vom 20. Dezember 1945, S. 50 ff.

8 Vgl. Rückerl, a. a. O., S. 108. Genaue Ausführungen zum Kontrollratsgesetz Nr. 10 s. Kap. III/1.2 Das Kontrollratsgesetz Nr. 10.

9 Ebd., S. 123.

verurteilen. Die letzten Schranken, die die Alliierten der Bundesrepublik und somit auch der bundesdeutschen Justiz hätten auferlegen können, wurden mit dem Aufhebungsgesetz vom 30. Mai 1956 beseitigt. Durch den Überleitungsvertrag vom 26. Mai 1952[10] wurden der BRD von den Alliierten der Westzonen in Artikel 1 verschiedene Rechte eingeräumt:

„Die Organe der Bundesrepublik... sind... befugt, von den Besatzungsbehörden erlassene Rechtsvorschriften aufzuheben oder zu ändern, sofern... nichts anderes bestimmt ist... Die Drei Mächte übertragen hiermit auf die Bundesrepublik das Recht, nach jeweiliger Konsultation mit den Drei Mächten die Rechtsvorschriften des Kontrollrats innerhalb des Bundesgebietes außer Wirksamkeit zu setzen..."[11]

Die Bundesrepublik hat von diesem Recht sehr bald Gebrauch gemacht. Mit dem „Ersten Gesetz zur Aufhebung des Besatzungsrechts" vom 30. Mai 1956 wurden die wichtigsten alliierten Vorschriften aufgehoben:

§ 1
Die von den Besatzungsbehörden erlassenen, in der Anlage 1 dieses Gesetzes aufgeführten Vorschriften werden aufgehoben.
§ 2
Die vom Kontrollrat in Deutschland erlassenen, in der Anlage 2 dieses Gesetzes aufgeführten Vorschriften verlieren im Geltungsbereich dieses Gesetzes ihre Wirksamkeit.[12]

Insbesondere betroffen waren von dem Aufhebungsgesetz das Kontrollrats-Gesetz Nr. 10, das ebenso außer Kraft gesetzt wurde wie die anderen im internationalen Teil behandelten Vorschriften des Kontrollrats. Positive Inhalte der Kontrollrats-Vorschriften, z. B. bezüglich der Bestrafung von NS-Gewaltverbrechern, wurden nicht aufgegriffen, sondern einfach beseitigt. *„Den NS-Verbrechern war damit ein weiteres Tor zum straffreien Leben geöffnet worden."*[13]

2. Die Zentrale Stelle der Landesjustizverwaltungen in Ludwigsburg

Nach dem Nürnberger Prozess gegen die Hauptkriegsverbrecher und den Nachfolgeprozessen vor den alliierten Militärgerichten entstand in der deutschen Bevölkerung und auch bei vielen deutschen Juristen der fälschliche Eindruck, dass

---

10 Vgl. Ratz, a. a. O., S. 64.
11 Zitiert nach Ratz, S. 64.
12 Ebd., S. 65.
13 Ebd., S. 65.

mit der Verurteilung der Haupttäter der Täterkreis der NS-Verbrecher erschöpfend erfasst worden sei. Zwar gab es schon ab 1945 eine Strafverfolgung nationalsozialistischer Verbrechen, soweit die Aburteilung nicht der Zuständigkeit der deutschen Gerichtsbarkeit durch die alliierten Siegermächte entzogen war[14], das ganze furchtbare Ausmaß der Verbrechen blieb allerdings weiterhin verborgen. Auch nachdem die Zuständigkeit der Gerichte auf Verbrechen, die gegen Angehörige der alliierten Nationen begangen wurden, ausgedehnt worden war, hatten die Gerichte ihre Schwierigkeiten bei der Aburteilung solcher Verbrecher. Vor allem die Verbrechen der Einsatzgruppen, die außerhalb des Bundesgebietes begangen wurden, waren in ihrer Strafverfolgung problematisch. In diesen Fällen fehlte es an einer zuständigen Strafverfolgungsbehörde und der Kenntnis des Tatgeschehens und der beteiligten Täter.[15] Verbrechen der Einsatzgruppen wurden meist nur durch Zufall bekannt, z. B. weil ein Zeuge einen Täter zufällig auf der Straße wiedererkannt hat. *„Dem Betreffenden Beschuldigten war es... in der Regel möglich, durch einfaches Bestreiten der gegen ihn erhobenen Beschuldigungen eine Einstellung des Verfahrens mangels hinreichenden Schuldnachweises zu erreichen, zumal die vom Anzeigenerstatter behaupteten Taten so unglaublich erschienen, daß jeder unbefangene Richter oder Staatsanwalt die Anschuldigung in das Reich der Fabel verwies oder für die Ausgeburt einer überhitzten Phantasie halten mußte.“*[16]

Die systematische juristische Aufarbeitung von NS-Verbrechen durch deutsche Gerichte, und somit auch der Einsatzgruppenverbrechen, verdankt ihre Durchführung quasi einem Zufall. Der an den Morden der Einsatzgruppe A beteiligte ehemalige Polizeidirektor von Memel und Angehöriger der SS, Fischer-Schweder, der sich nach Kriegsende einen anderen Namen zugelegt hatte, wurde im Mai 1956 verhaftet.[17] Er hatte sich für die Wiederaufnahme in den Staatsdienst beworben, was das Interesse der Presse weckte. Aufgrund der Berichterstattung meldete sich ein Zeitungsleser, der sich daran erinnerte, dass Fischer-Schweder an Massenerschießungen litauischer Juden beteiligt gewesen war. Auf seine Anzeige hin wurden die Ermittlungen aufgenommen. Nach einer systematischen Fahndung nach Mitgliedern des „Einsatzkommandos Stapo und SD Tilsit“ begann im Sommer 1958 vor dem Ulmer Schwurgericht der Prozess gegen zehn Angeklagte

---

14 Vgl. Kap. IV/l.
15 Vgl. Erwin Schüle, Die Zentrale Stelle der Landesjustizverwaltungen zur Aufklärung nationalsozialistischer Gewaltverbrechen in Ludwigsburg, in: JZ 1962/Nr. 8, S. 241 f.
16 Ebd., S. 241 f.
17 Unter dem Namen Bernhard Fischer hatte er das Ulmer Flüchtlingslager Wilhelmsburg geleitet. Vgl. Barbara Just-Dahlmann/Helmut Just, Die Gehilfen – NS-Verbrechen und die Justiz nach 1945, Frankfurt am Main 1988, S. 17.

dieses Einsatzkommandos.[18] Dieser Prozess führte zu der Erkenntnis, dass mit der Verurteilung der Hauptkriegsverbrecher durch die Alliierten und die alliierten Folgeprozesse nur ein Teil der im Ausland begangenen NS-Verbrechen erfasst worden ist. Dies veranlasste die Justizminister und Senatoren der deutschen Bundesländer, in Bad Harzburg im Oktober 1958 eine Konferenz zu diesem Themenkomplex abzuhalten.[19] Ergebnis dieser Zusammenkunft war, dass eine umfassende Aufklärung und Ahndung nationalsozialistischer Gewaltverbrechen nur durch eine zentrale Zusammenarbeit möglich sei. Da die Justizhoheit infolge des föderalistischen Aufbaus der Bundesrepublik bei den einzelnen Ländern liegt, konnte zur Verfolgung solcher Straftaten eine gemeinsame Staatsanwaltschaft nicht geschaffen werden. Stattdessen wurde als gemeinsame Vorermittlungsstelle die „Zentrale Stelle der Landesjustizverwaltungen zur Verfolgung nationalsozialistischer Gewaltverbrechen" – kurz Zentrale Stelle der Landesjustizverwaltungen – am 1. Dezember 1958 in Ludwigsburg, Baden Württemberg gegründet. Ihr Leiter wurde der Vertreter der Anklage im Ulmer Einsatzgruppenprozess, Oberstaatsanwalt Erwin Schüle.[20]

Die Zentrale Stelle der Landesjustizverwaltungen, die in sich ein Stück Justizhoheit eines jeden Bundeslandes vereinigte, war etwas völlig Neues in der deutschen Rechtsgeschichte. Die einzelnen Landesjustizverwaltungen ordneten Sachbearbeiter nach Ludwigsburg ab. Die abgeordneten Richter und Staatsanwälte standen weiterhin unter der Dienstaufsicht der Landesjustizverwaltungen, während die Fachaufsicht über die Zentrale Stelle dem Justizministerium von Baden-Württemberg übertragen wurde.[21] Die Zuständigkeit der Zentralen Stelle beschränkte sich zunächst auf die Aufklärung nationalsozialistischer Gewaltverbrechen, für die im Bundesgebiet ein Gerichtsstand des Tatorts nicht gegeben war und die zwar während der Zeit des Zweiten Weltkrieges, aber außerhalb der eigentlichen Kriegshandlungen an Zivilpersonen begangen worden waren.[22] Diese Zuständigkeit wurde 1964 und 1965 auf alle NS-Verbrechen erweitert. Ausgenommen davon blieben lediglich die Vorgänge, die das RSHA betrafen, und die Untersuchung der Tätigkeit des Volksgerichtshofes. Hierfür war die Berliner Justiz zuständig.

---

18 Vgl. Just-Dahlmann/Just, a. a. O., S. 17.
19 Vgl. Schüle, a. a. O., S. 242.
20 Vgl. Just/Just-Dahlmann, a. a. O., S. 18.
21 Vgl. Schüle, a. a. O., S. 242.
22 Vgl. Just/Just-Dahlmann, a. a. O., S. 18. Diese Zuständigkeit betraf somit auch die Einsatzgruppenverbrechen.

Aufgaben der Zentralen Stelle der Landesjustizverwaltungen waren nicht nur die Ermittlungen bezüglich bestimmter Verfahren, sondern vielmehr die genaue Grundlagenforschung zur Aufklärung nationalsozialistischer Verbrechen. Durch die genaue Auswertung von historischem Material, z. B. der „Ereignismeldungen UDSSR" und der Auswertung von Zeugenaussagen, lieferte die Zentrale Stelle der Landesjustizverwaltungen einen großen Beitrag zur Aufklärung und Ahndung von Einsatzgruppenverbrechen, bzw. machte die Verurteilung der Täter erst möglich. Nach Abschluss der Ermittlungen durch die Zentrale Stelle gingen die betreffenden Verfahren in die Zuständigkeit der bestimmten Landgerichte über und waren somit der Einflussnahme der Zentralen Stelle auf den Prozessverlauf und -ausgang, also die Urteilssprüche, entzogen.

Die Ermittlungen der Zentralen Stelle führten nach dem Ulmer Einsatzgruppenprozess, vor dem es nur zwei Verfahren gegen Angehörige einer Einsatzgruppe gab, zu einer Vielzahl weiterer Prozesse gegen Einsatzgruppentäter.

3. Die Prozesse gegen Einsatzgruppenverbrecher

3.1 Rechtliche Bestimmungen

Wie bereits erwähnt, durften die deutschen Gerichte bei der Verfolgung nationalsozialistischer Mordaktionen, die sich gegen Angehörige einer alliierten Nation richteten, das Kontrollratsgesetz Nr. 10 nicht anwenden, sondern hatten nach den Bestimmungen des deutschen Strafrechts zu urteilen.

Da im Strafrecht Verbrechen gegen die Menschlichkeit und auch Kriegsverbrechen nicht vorgesehen sind, lautete die Anklage in den Einsatzgruppenprozessen in den überwiegenden Fällen auf Mord. In § 220 a StGB[23] ist zwar der Völkermord unter Strafe gestellt, aufgrund des Rückwirkungsverbotes gemäß Artikel 103, Abs. 2 GG aber nicht auf nationalsozialistische Gewaltverbrechen anzuwenden.[24] Diejenigen Paragraphen des Strafrechts, die maßgeblich für die Prozesse relevant waren, sollen im Folgenden aufgeführt werden. Die folgenden Ausführungen beziehen sich auf § 211 StGB, also Mord und die Paragraphen des Strafrechts, die Täterschaft (§ 25 StGB) und Teilnahme (§§ 26 ff StGB) regeln. Bezüglich der Einsatzgruppenverbrecher sind betreffs der Teilnahme hauptsächlich § 27 StGB in Zusammenhang mit § 49, 1 zu nennen, die die Beihilfe und Milderungsgründe regeln.

---

23 Der Tatbestand des Völkermordes wurde 1954 in das Strafgesetzbuch aufgenommen.
24 Vgl. Michael Ratz, a. a. O., S. 79.

3.1.1 § 211 StGB – Mord

(1) Der Mörder wird mit lebenslanger Freiheitsstrafe bestraft.
(2) Mörder ist, wer aus Mordlust, zur Befriedigung des Geschlechtstriebs, aus Habgier oder sonst aus niedrigen Beweggründen, heimtückisch oder grausam oder mit gemeingefährlichen Mitteln oder um eine andere Straftat zu ermöglichen oder zu verdecken, einen Menschen tötet.

Mord ist eine vorsätzliche Tötung dann, wenn der Täter entweder aus besonderen, im Gesetz genannten Beweggründen heraus handelt, oder auf eine besondere Art und Weise tötet, oder schließlich mit seiner Tötung besondere Zwecke verfolgt.[25] Wenn diese Merkmale, die alle oben im Gesetz aufgeführt sind, fehlen, ist eine vorsätzliche Tötung kein Mord, sondern Totschlag. Da bei den Einsatzgruppenverbrechen durchgängig die Merkmale „aus niedrigen Beweggründen" oder „heimtückisch" oder „grausam" oder „Mordlust" in Betracht kommen, ist nach § 211 StGB zu entscheiden und nicht etwa auf Totschlag § 212 StGB.[26] Die Differenzierung zwischen Totschlag und Mord ist in der Hinsicht bedeutsam, als das Strafmaß für Totschlag eine Mindeststrafe von 5 Jahren vorsieht. Erkennt ein Richter auf Mord, so ist er an die absolute Strafdrohung der lebenslangen Freiheitsstrafe gebunden. Ihm steht keinerlei Ermessensspielraum zur Verfügung, wie z.B. bei Totschlag, bei dem nur in seltenen besonders schweren Fällen auf lebenslangen Freiheitsentzug zu erkennen ist.[27] Die Analyse der Urteile gegen Einsatzgruppenverbrecher wird allerdings noch deutlich machen, dass die meisten Richter auch bei Erkennen auf Mord einen Weg gefunden haben, um den lebenslangen Freiheitsentzug zu umgehen, und teilweise geringere Strafen über die Einsatzgruppentäter verhängten, als die Mindeststrafe für Totschlag vorsieht.

Bezüglich der Tatbestandsmerkmale des § 211 hat der BGH Definitionen festgelegt. Das Merkmal „Mordlust" ist erfüllt, wenn der Täter *„aus unnatürlicher Freude an der Vernichtung eines Menschenlebens"* die Tat begeht.[28] Mit dieser Definition schließt der BGH die anordnenden Organe, die nicht unmittelbar

---

25 Vgl. Jürgen Baumann, Die strafrechtliche Problematik der nationalsozialistischen Gewaltverbrechen, in: Henkys, a. a. O., S. 288.
26 Nach meinen Ausführungen zu den Einsatzgruppenverbrechen in Kap. II ist m. E. ganz offensichtlich, dass vor allem die Tatbestandsmerkmale „grausam" und „heimtückisch" auf sämtliche Verbrechen der Einsatzgruppen zutreffen. Der BGH bejaht dies allerdings nicht uneingeschränkt. Vgl. dazu die Ausführungen zu den Tatbestandsmerkmalen des § 211.
27 Vgl. Ratz, a. a. O., S. 80.
28 BGH in: NJW 1953, S. 1440.

vor Ort an den Verbrechen beteiligt waren, aus. Durch den Abstand von den Opfern ist der Nachweis der Mordlust hier kaum zu führen. Die Angehörigen der Einsatzgruppen und Kommandos waren allerdings direkt vor Ort beteiligt. Dies reicht gemäß BGH aber noch nicht aus, denn den Tätern muss eine unnatürliche Freude an ihrer Tat nachgewiesen werden. Dies kann aus der Art und Weise der Durchführung der Tötung erschlossen werden. Meiner Ansicht nach sind die Mordaktionen der Einsatzgruppen die besten Beispiele für „Mordlust", in der Rechtsprechung ist dies hingegen kaum bejaht worden.[29]

Das Merkmal „aus niedrigen Beweggründen" sieht in der Rechtsprechung einen Beweggrund vor, der als Motiv einer Tötung verachtenswert ist und auf tiefster Stufe steht.[30] Nach dem BGH handelt aus niedrigen Beweggründen, wer einen Juden aus Rassenhass tötete und auch derjenige, der sich den Rassenhass der nationalsozialistischen Machthaber bewusst zunutze machte, weil er erwartete, wegen seiner Tat nicht strafrechtlich zur Verantwortung gezogen zu werden.[31] Auf den ersten Blick waren nach der Definition des BGH viele Verurteilungen zum Mord aus „niedrigen Beweggründen" für die Einsatzgruppentäter zu erwarten. Ob dies tatsächlich häufig geschah, wird an anderer Stelle zu klären sein.

Das Merkmal „heimtückisch" wird im Allgemeinen von der Rechtsprechung als Ausnutzung der Arg- und Wehrlosigkeit verstanden.[32] Arglos ist, wer zur Tatzeit keinen Angriff auf Leib oder Leben erwartet. Wehrlos ist, wer in seiner Abwehrbereitschaft und -fähigkeit stark eingeschränkt ist, wobei keine völlige Wehrlosigkeit vorausgesetzt wird. Die völlige Wehrlosigkeit war bei den Opfern der Einsatzgruppen auf jeden Fall gegeben. Man erinnere sich nur an den Ablauf einer Exekution, bei der sich die Opfer nackt an den als Massengräber gedachten Gruben aufstellen mussten und auf den tödlichen Schuss warteten. Wie Alfred Bongard in seinen Ausführungen zur „Verfolgung von NS-Verbrechern durch die Justiz in der BRD"[33] deutlich macht, reichte für die Gerichte die Wehrlosigkeit der Opfer zur Bejahung der Heimtücke oftmals nicht aus. Zusätzlich wird die Arglosigkeit der Opfer verlangt. Aber dies trifft bei den Opfern der Einsatzgruppen auch zusätzlich zu. Immerhin wurden sie unter Vorspiegelung falscher Tatsachen zu den Exekutionsstätten gelockt. Meistens geschah das durch falsche Umsiedlungsaktionen. Es ist mehrfach dokumentiert worden, dass die Opfer bis

---

29 Vgl. Ratz, a. a. O., S. 80.
30 Ebd., S. 81.
31 Ebd., S. 81.
32 Vgl. Ratz, a. a. O., S. 82.
33 In: Ratz, a. a. O., S. 79 ff.

kurz vor ihrem Tod tatsächlich daran glaubten, lediglich umgesiedelt zu werden.[34] Zum Mordmerkmal „Grausamkeit" ist zu sagen, dass für die Gerichte die „bloße" massenhafte Liquidierung noch kein grausames Handeln darstellt. Vielmehr handelt grausam, wer seinem Opfer aus gefühlloser, unbarmherziger Gesinnung besondere Schmerzen oder Qualen zufügt, sei es durch die Stärke oder durch die Dauer der Handlung des Täters. Dies ist in der Regel nur bei sogenannten Exzesstätern angenommen worden, wenn also zu der Tötung noch außergewöhnliche Quälereien hinzukamen.[35]

Obwohl die deutschen Gerichte in Bezug auf NS-Verbrecher besonders strenge Voraussetzungen an die qualifizierenden Merkmale des § 211 gestellt haben, ist bei den Einsatzgruppentätern eindeutig auf Mord zu erkennen. Wie ich allerdings schon mehrfach erwähnt habe, gab es für die Ahndung von Einsatzgruppenverbrechen noch eine andere Möglichkeit, die Strafen, statt lebenslänglich, wesentlich geringer ausfallen zu lassen. Um diese Möglichkeit deutlich zu machen, werde ich im Folgenden die Begriffe der Täterschaft und der Beihilfe erläutern.[36]

3.1.2 Der Begriff der Täterschaft – § 25 StGB

Das deutsche Strafrecht unterscheidet bei der Beteiligung mehrerer Personen an einer Straftat zwischen Täterschaft und Teilnahme. Somit kann auch die Beteiligung der Einsatzgruppenverbrecher an den Exekutionen differenziert werden.[37] Erscheinungsformen der Täterschaft sind die unmittelbare und die mittelbare Täterschaft, die Mittäterschaft und die gesetzlich nicht geregelte Nebentäterschaft. Die betreffenden Paragraphen des Strafgesetzbuches lauten wie folgt:

„Als Täter wird bestraft, wer die Straftat selbst oder durch einen anderen begeht."(§ 25, 1 StGB)

Begeht jemand die Straftat selbst, so handelt es sich um die unmittelbare Täterschaft. Begeht dieser jemand die Straftat durch einen anderen, d. h. einen anderen als Tatmittler, als Werkzeug für sich handeln lässt, so liegt der Tatbestand der mittelbaren Täterschaft vor. Kennzeichnend für die mittelbare Täterschaft ist die aus tatsächlichen oder rechtlichen Gründen unterlegene Stellung des Tatmittlers und die beherrschende Rolle des Hintermannes, der die Sachlage

---

34 Vgl. Kap. II, 3.3.
35 Vgl. Ratz, a. a. O., S. 83.
36 Die genaue Erläuterung der Ausdehnung der Beihilfe Konstruktion für Einsatzgruppentäter folgt in Kap. V.
37 Die meisten Urteile erkannten nicht auf Täterschaft, sondern auf Beihilfe. Vgl. Kap. IV, 3.2.

richtig erfasst und das Gesamtgeschehen kraft seines planvoll lenkenden Willens „in der Hand hat".[38]

Im Falle einer gemeinschaftlich begangenen Straftat gilt folgendes:

„Begehen mehrere die Straftat gemeinschaftlich, so wird jeder als Täter bestraft (Mittäter)."
(§ 25, 2 StGB)[39]

Mittäterschaft ist die gemeinschaftliche Begehung einer Straftat durch bewusstes und gewolltes Zusammenwirken. Die Mittäterschaft beruht auf dem Prinzip des arbeitsteiligen Handelns und der funktionellen Rollenverteilung. Jeder Beteiligte ist hier als gleichberechtigter Partner Mitträger des gemeinsamen Tatentschlusses und der gemeinschaftlichen Tat. Alle Mittäter haften im Umfang der Willensübereinstimmung für die Tat im Ganzen. Jeder Mittäter führt die Tat zugleich dadurch aus, dass er die anderen für sich handeln lässt. Sein Tatbeitrag ergänzt die übrigen zum Ganzen der Tat, die ihm deshalb voll zugerechnet wird.[40]

3.1.3 Der Begriff der Beihilfe – § 27 StGB

(1) Als Gehilfe wird bestraft, wer vorsätzlich einem anderen zu dessen vorsätzlich begangener rechtswidriger Tat Hilfe geleistet hat.
(2) Die Strafe für den Gehilfen richtet sich nach der Strafdrohung für den Täter. Sie ist nach § 49 Abs. 1 zu mildern.

Von der Allein- und der Mittäterschaft unterscheidet sich die Beihilfe dadurch, dass der Gehilfe die Tat eines anderen unterstützt, über die dieser die Tatherrschaft hat. Das heißt, dass dem Gehilfen die Handlungsherrschaft über den Geschehensablauf fehlt. Der Gehilfe fördert die Haupttat durch physische oder psychische Unterstützung. Ein Hilfeleisten liegt in jedem Tatbeitrag, der die Haupttat ermöglicht oder erleichtert oder die vom Täter begangene Straftat verstärkt hat.[41]

Für den Tatbestand der Beihilfe genügt das Schaffen günstigerer Vorbedingungen für das Gelingen der Haupttat, z. B. psychische Stärkung der Tatbereitschaft, Erleichterung der Tatausführung, Übernahme von Abwehr- oder Warnfunktionen gegen mögliche Störungen, Beschleunigung des Taterfolges.

---

38 Vgl. Dr. Eduard Dreher, Strafgesetzbuch mit Erläuterungen, München 1975, S. 149 ff.
39 Dieser § des StGB trifft auf die Einsatzgruppenverbrechen zu. Folglich ist zunächst einmal der Einsatzgruppentäter auch tatsächlich als Täter im Sinne des § 25, 2 StGB zu betrachten. Wie die Gerichte dies in ihren Urteilssprüchen „geschickt" umgingen, werden die folgenden Kapitel zeigen.
40 Vgl. Dreher, a. a. O., S. 149 ff.
41 Ebd., S. 159 ff.

Weiterhin genügt die bloße Stärkung des Tatentschlusses oder die Anwesenheit bei der Tatausführung, die das Sicherheitsgefühl des Täters erhöht, um auf Beihilfe zu erkennen, ebenso wie die Beseitigung letzter Hemmungen des Tatentschlossenen. Die Beihilfe braucht nicht zur Ausführung der Tat selbst geleistet zu werden, es genügt schon die Hilfe bei einer vorbereitenden Handlung. Der Vorsatz des Gehilfen muss die Unterstützungshandlung umfassen und sich auf die Vollendung einer Haupttat richten, die nicht notwendig schon in allen Einzelheiten konkretisiert sein muss.

Außerdem kann die Beihilfe auch in einem Unterlassen bestehen, falls das Einschreiten trotz bestehender Pflicht dazu unterbleibt.[42]

3.2 Statistische Auswertung

Der statistischen Auswertung von Prozessen gegen Einsatzgruppenverbrecher vor bundesdeutschen Gerichten liegen bis 1965 sämtliche Prozesse zugrunde, die der Sammlung „Justiz und NS-Verbrechen"[43], entnommen sind. Die Akten der Prozesse, die ab 1965 vor bundesdeutschen Gerichten stattfanden, konnte ich zu einem großen Teil bei der Zentralen Stelle der Landesjustizverwaltungen in Ludwigsburg einsehen. Leider war mein zeitlicher Rahmen zum Verweilen in Ludwigsburg begrenzt, daher konnte ich nicht alle Prozesse bearbeiten. Dennoch reichen die von mir durchgesehenen Akten meiner Ansicht nach völlig aus, um im Zusammenhang mit den Prozessen bis 1965 eine Tendenz bezüglich der Urteilspraxis der Gerichte hinsichtlich der Ahndung von Einsatzgruppenverbrechen herauszuarbeiten, die aufgrund der Vielzahl der untersuchten Prozessunterlagen durchaus repräsentativ ist.

Nach Auskünften eines Mitarbeiters der Zentralen Stelle sind derzeit noch drei Verfahren gegen NS-Verbrecher anhängig. Darunter ist kein Einsatzgruppentäter. In Anbetracht der schon vergangenen Zeit seit Begehung der Taten, ist davon auszugehen, dass in Zukunft auch keine weiteren Prozesse gegen Einsatzgruppenverbrecher geführt werden.[44]

Die statistische Auswertung soll deutlich machen, dass die Einsatzgruppenverbrecher zum weitaus überwiegenden Teil milde Richter fanden, was sich darin

---

42 Vgl. Dreher, a. a. O., S. 159 ff.

43 C.F. Rüter u. a. (Hrsg.), Justiz und NS-Verbrechen-Sammlung deutscher Strafurteile wegen nationalsozialistischer Tötungsverbrechen 1945–1966, Amsterdam 1968–1981.

44 Eine umfassende statistische Auswertung aller Deliktsgruppen findet sich bei Ulrich-Dieter Oppitz, Strafverfahren und Strafvollstreckung bei NS-Gewaltverbrechen, Ulm 1979.

zeigt, dass die meisten der Angeklagten nicht als Täter im Sinne des § 25 StGB verurteilt worden sind, sondern wegen Beihilfe zum Mord (§ 27 StGB).

Bei rein numerischer Betrachtung der Prozesse gegen Einsatzgruppentäter lassen sich 3 Phasen feststellen. Die erste Phase von 1945–1949 in der keine Prozesse stattfanden,[45] aufgrund rechtlicher Beschränkungen durch die Alliierten; die zweite Phase von 1950–1958, in der die deutschen Gerichte zwar die rechtlichen Möglichkeiten hatten, gegen Einsatzgruppenverbrecher vorzugehen, wegen mangelnder Kenntnis des Tatgeschehens und der Täter aber kaum davon Gebrauch machten; und die dritte Phase ab 1959, in der es nach Errichtung der Zentralen Stelle der Landesjustizverwaltungen als Vorermittlungsbehörde zu einer Reihe von Verurteilungen von Einsatzgruppentätern kam.

Tab. 1 Anzahl der Einsatzgruppenprozesse und der Angeklagten[46]

Jahr	Prozesse	Angeklagte
1945–1949	-	-
1950	1	2
1951–1956	-	-
1957	1	1
1958	1	10
1959	1	1
1960[47]	1	2
1961	5	20

45 In dieser Phase wurden hauptsächlich Euthanasie-Verbrechen, Verbrechen der Endphase und Kriegsverbrechen von den bundesdeutschen Gerichten geahndet.

46 Zugrunde liegt das Jahr des Ersturteils (soweit nichts anderes angegeben ist. Um aber einen umfassenden Überblick über die Prozesse geben zu können, sind bis 1965 die Wiederaufnahmen mit einbezogen. Vgl. dazu die jeweiligen Anmerkungen.) Ab 1966 kann ich für Vollständigkeit nicht garantieren, da ich auf das Material (nur Ersturteile) angewiesen war, was mir von der Zentralen Stelle der Landesjustizverwaltungen in Ludwigsburg zur Verfügung gestellt wurde, und ich nicht überprüfen konnte, ob es sich um sämtliche Unterlagen der Prozesse gegen Einsatzgruppenverbrecher handelte. Nach 1983 standen mir keine Unterlagen mehr zur Verfügung. Dies gilt für alle folgenden Tabellen.

47 Bei diesem Prozess handelt es sich um die Wiederaufnahme des Prozesses vor dem LG Ulm vom 29.8.1958 (Ks 2/57), abgedruckt bei Rüter, a. a. O., Bd. XV, Lfd. Nr. 465, S. 1 ff. Der BGH hatte das Urteil des LG Ulm in zwei Fällen aufgehoben und zurückverwiesen (BGH 23.2.19601 StR 648/59, abgedruckt bei Rüter, a. a. O., Bd. XV, Lfd. Nr. 465 b, S. 266 ff.

Jahr	Prozesse	Angeklagte
1962	1	6
1963[48]	4	18
1964	4	8
1965	2	5
1966	5	15
1967	1	1
1968	2	13[49]
1969	4	7
1970	2	5
1971	2	7
1972	2	6
1973	3	14
1974	2	5
1975	1	2
1976	-	-
1977	1	1
1978	-	-
1979	1	1
1980	1	1
1981–1982	-	-
1983	1	1
Gesamt	50	153

Wie aus der Tabelle ersichtlich, fanden zwischen 1945 und 1949 keine Prozesse gegen Einsatzgruppenverbrecher statt. Dieser Umstand liegt in der Tatsache begründet, dass die alliierten Besatzungsmächte zu diesem Zeitpunkt die Verurteilung von Tätern, die ihre strafbaren Handlungen gegen Angehörige einer alliierten Nation begangen hatten, selbst vornehmen wollten. Der deutschen Justiz

---

48 Ein Prozess mit zwei Angeklagten ist die Wiederaufnahme des Prozesses vor dem LG Dortmund vom 12.10.1961 (10 Ks l/6l) abgedruckt bei Rüter, a. a. O., Bd. XVII, Lfd. Nr. 521, S. 749 ff. Der BGH hatte das Urteil in zwei Fällen aufgehoben und zurückverwiesen (BGH 7.9.1962 4 StR 259/62). Ein weiterer Prozess gegen zwei Angeklagte ist die Wiederaufnahme des Prozesses vor dem LG Karlsruhe vom 20.12.1961 (VI Ks 1/60), abgedruckt bei Rüter, a. a. O., Bd. XVIII, Lfd. Nr. 526, S. 65 ff. Aufgehoben durch BGH vom 28.5.1963, 1 StR 540/62, abgedruckt bei Rüter, a. a. O., Bd. XVIII, Lfd. Nr. 526 b, S. 127 ff.

49 Bei einem der aufgeführten Angeklagten ist das Verfahren wegen Todesfall eingestellt worden.

waren insofern die Hände gebunden, als dass das Kontrollratsgesetz Nr. 4 vom 30. Oktober 1945 zur „Umgestaltung des deutschen Gerichtswesens" in Art. III die Zuständigkeit der deutschen Gerichte regelte und den wiederzugelassenen Amts-, Land- und Oberlandesgerichten jegliche Befugnis absprach für die Aburteilung von Tätern, deren strafbare Handlung sich gegen die alliierten Streitkräfte richteten, wie auch für Straftaten der NS-Zeit, die sich gegen Staatsangehörige alliierter Nationen oder deren Eigentum gerichtet hatten.[50]

In Art. III, 1d des Kontrollratsgesetzes Nr. 10 erteilten die Alliierten den deutschen Gerichten eine Zuständigkeitsermächtigung, die lediglich eine Verfolgung der von Deutschen an Deutschen oder an Staatenlosen begangenen Verbrechen umfasste.[51] Dies erklärt auch die Tatsache, dass von deutschen Gerichten in den ersten Jahren nach dem Krieg hauptsächlich Verbrechen der Endphase, Euthanasie-Verbrechen und Verbrechen in Konzentrationslagern verfolgt und geahndet wurden.

Im Jahre 1950 wurde mit Inkrafttreten des Gesetzes Nr. 13 des Alliierten Hohen Kontrollrats betreffend die „Gerichtsbarkeit auf den vorbehaltenen Gebieten" der bisherige Zuständigkeitsausschluss deutscher Gerichte für NS-Gewaltverbrechen, die sich gegen Angehörige alliierter Nationen richteten, aufgehoben.[52] Somit fiel nun auch die Ahndung von Verbrechen der Einsatzgruppen in den Zuständigkeitsbereich deutscher Gerichte. Wenn man allerdings mit einer Vielzahl von Prozessen gegen ehemalige Angehörige der Einsatzgruppen gerechnet hatte, so wurde man enttäuscht. Wie aus Tab. 1 zu erkennen ist, fand im Jahre 1950 nur ein Prozess statt mit nur zwei Angeklagten.

Auf diesen Prozess folgte eine erneute Unterbrechung der gerichtlichen Verfolgung von Einsatzgruppenverbrechen, die von 1951 bis 1956 dauerte. Der Hauptgrund für diesen Stillstand liegt in der mangelnden Kenntnis über die Taten der Einsatzgruppen begründet. Bis zu diesem Zeitpunkt hatte es keine ausreichende Aufarbeitung in diesem Bereich gegeben. Fehlende Kenntnis des Tatgeschehens und der beteiligten Täter verhinderten eine systematische justizielle Aufarbeitung der Einsatzgruppenverbrechen.

Diese Bedingungen änderten sich mit Errichtung der „Zentralen Stelle der Landesjustizverwaltungen zur Verfolgung nationalsozialistischer Gewaltverbrechen".[53] Als gemeinsame Vorermittlungsstelle der Landesjustizverwaltungen ermöglichte die neugeschaffene Zentrale Stelle die Hintergrundrecherchen zu den Verbrechen

---

50 Vgl. Amtsblatt des Kontrollrats in Deutschland, Nr. 2 vom 30. November 1945, S. 20 ff.
51 Amtsblatt des Kontrollrats in Deutschland vom 20. Dezember 1945, S. 50 ff.
52 Vgl. Rückerl, a. a. O., S. 123.
53 Hintergründe zur Gründung der Zentralen Stelle vgl. Kap. IV, 2.

durch Einsatzgruppen. Die Auswertung von Zeugenaussagen und originalen Dokumenten, z. B. die Ereignismeldungen „UDSSR", förderten das schreckliche Ausmaß der Morde, die in Polen und Russland von Angehörigen der Einsatzgruppen begangen wurden, zutage. Dabei wurden die einzelnen Mordaktionen detailliert rekonstruiert und man erlangte Kenntnis von der Zahl der Opfer und den Namen der Täter. Im Anschluss daran konnten die zuständigen Staatsanwaltschaften Ermittlungsverfahren gegen die Betreffenden einleiten. Tatsächlich nahmen die Verurteilungen von Einsatzgruppentätern mit der Gründung der Zentralen Stelle zu, und nach meinen der Untersuchung zugrunde liegenden Dokumenten fanden nach 1958 bis 1983 50 Prozesse mit insgesamt 153 Angeklagten statt.

Aus der Feststellung heraus, dass die Verbrechen der Sonderformationen der Sicherheitspolizei und des SD ab 1959 von den Gerichten konsequenter verfolgt worden sind als bis zu diesem Zeitpunkt, ergibt sich die Frage nach der Urteilspraxis der Gerichte. Nach welchem rechtlichen Gesichtspunkt wurden Einsatzgruppentäter verurteilt – waren sie Täter oder Gehilfen? Wie hoch waren die Strafen, die sie erhielten?

Tab. 2 Rechtlicher Gesichtspunkt des Urteils[54]

Jahr	Freispruch	Täter	Gehilfe
1950	-	2	-
1957	-	-	1
1958	-	-	8
1959	1	-	-
1960	-	-	2
1961	6	-	8
1962	1	1	2
1963	3	1	14
1964	1	-	7
1965	1	1	2
1966	6	1	8
1967	-	-	1
1968	3[55]	-	9

---

54 Die Rechtsgrundlage der Anklage war bei allen untersuchten Prozessen § 211 (Mord). Es handelt sich bis 1965 jeweils um die rechtskräftigen Urteile. Ab 1966 liegen der Untersuchung die Ersturteile zugrunde.
55 Gemäß § 47, 2 MStGB von Strafe abgesehen.

Jahr	Freispruch	Täter	Gehilfe
1969	5[56]	-	4
1970	-	1	3
1971	1	-	6
1972	-	-	6
1973	3[57]	1	10
1974	-	-	5
1975	2[58]	-	-
1977	-	-	1
1979	-	1	-
1980	-	-	1
1983	-	-	1
Gesamt	33	9	99

Ganz deutlich ist aus Tab. 2 erkennbar, dass Einsatzgruppenverbrecher nicht immer als Täter, sondern in der überwiegenden Zahl als Gehilfen verurteilt worden sind. Umgerechnet in Prozentzahlen wurden lediglich 6,3 % der Angeklagten in den untersuchten Fällen als Täter verurteilt. 70,2 % der Angeklagten wurden dagegen wegen Beihilfe zum Mord verurteilt und 23,4 % der Angeklagten wurden sogar freigesprochen, bzw. es wurde von Strafe gemäß § 47, 2 MStGB abgesehen. Lässt man die Freisprüche außer Acht, so wurden 8,3 % der Angeklagten wegen Täterschaft verurteilt und 91,6 % als Gehilfen.[59] Dieses Ergebnis ist angesichts der Tatsache, dass im Zuge der Mordaktionen der Einsatzgruppen Tausende von unschuldigen Zivilpersonen getötet worden sind, kaum fassbar. Die Verurteilung als Mörder zog zwangsläufig eine lebenslange Haft nach sich, aber aufgrund des verschwindend geringen Anteils der auf Täterschaft erkennenden Urteile sind nur wenige der Einsatzgruppenmörder mit lebenslanger Haft bestraft worden. Bei einer Verurteilung wegen Beihilfe zum Mord konnte das Gericht die Haftdauer

---

56 In einem Fall gemäß § 47, 2 MStGB von Strafe abgesehen.
57 In zwei Fällen gemäß § 47, 2 MStGB von Strafe abgesehen.
58 In einem Fall gemäß § 47, 2 MStGB von Strafe abgesehen.
59 Falko Kruse kommt in seiner Untersuchung zu dem Ergebnis, dass fast 90 % der EG-Verbrecher wegen Beihilfe verurteilt worden sind. Meine etwas höher liegende Zahl mag in der Tatsache begründet sein, dass der Untersuchung Kruses lediglich die Prozesse bis 1965 zugrunde lagen. Bis zu diesem Zeitpunkt fanden vergleichsweise wenig Prozesse statt bzw. die Zahl der Angeklagten lag unter der der folgenden Jahre. Vgl. Falko Kruse, NS-Prozesse und Restauration-Zur justiziellen Verfolgung von NS-Gewaltverbrechen in der Bundesrepublik, Kritische Justiz H. 2 1978, S. 109 ff.

nach eigenem Ermessen festlegen, hatte aber auf jeden Fall die Möglichkeit, bis an die Höchstgrenze von 15 Jahren zu gehen. Wie die Gerichte diesen Spielraum nutzten soll die folgende Tabelle verdeutlichen. Sie beschränkt sich auf die Strafhöhe im Rahmen der Verurteilungen wegen Beihilfe zum Mord, da mit Tab. 2 schon deutlich gemacht wurde, dass äußerst wenige EG-Verbrecher aufgrund der Verurteilung wegen Mordes mit lebenslanger Haft bestraft worden sind.

Tab. 3 Strafmaß in den Fällen von Beihilfe[60]

	Strafhöhe in Jahren			
Jahr	0–5	6–8	9–11	12–15
1957	1	-	-	-
1958	5	-	1	2
1960	2	-	-	-
1961	4	2	1	1
1962	2	-	-	-
1963	10	2	1	1
1964	6	1	-	-
1965	2	1	-	-
1966	6	2	-	-
1967	1	-	-	-
1968	4	1	3	1
1969	3	1	-	-
1970	1	-	-	1
1971	4	2	-	-
1972	6	-	-	-
1973	7	1	2	-
1974	5	-	-	-
1977	1	-	-	-
1980	-	-	1	-
1983	1	-	-	-
Gesamt	71	13	9	6

Betrachtet man die Strafhöhe der wegen Beihilfe Verurteilten, so ist zu erkennen, dass die überwiegende Zahl eine geringe Strafe – nämlich zwischen 0 und 5 Jahren – erhalten hat. In Prozentzahlen ausgedrückt wurden 71,7 % der wegen Bei-

---

60 Zugrunde liegen bis 1965 die rechtskräftigen Urteile. Ab 1965 die Ersturteile. Die Urteile die auf 5 Jahre 6 Monate lauten, sind in die Kategorie 0–5 Jahre eingeordnet.

hilfe verurteilten Einsatzgruppenverbrecher mit milden Strafen von 0–5 Jahren bedacht. Nur 28,3 % erhielten Freiheitsstrafen, die darüber lagen. Die Gerichte gingen in nur 6 % der Verurteilungen an die Höchstgrenze von 12–15 Jahren. Festzuhalten bleibt folglich nach Betrachtung von Tab. 2 und Tab. 3, dass die überwiegende Mehrzahl der Einsatzgruppenverbrecher nicht wegen Täterschaft sondern wegen Beihilfe verurteilt wurde. In den Fällen, in denen die Gerichte auf Beihilfe erkannten, verhängten diese zudem noch unverhältnismäßig oft nur geringe Strafen (0–5 Jahre). Eine Phaseneinteilung hinsichtlich der Urteilspraxis der Gerichte erscheint mir wenig zweckmäßig, da aus den Tabellen ersichtlich ist, dass sich die Gehilfenrechtsprechung früh durchgesetzt hat und über die Jahre hinweg von den Gerichten auch konsequent angewendet wurde. Ähnliches ist bei der Strafzumessung festzustellen. Die Gerichte sprachen in den Fällen von Beihilfe meistens geringe Strafen aus und taten dieses ebenso konsequent, wie sie die Einsatzgruppenverbrecher nicht als Täter sondern als Gehilfen verurteilten. Erwähnenswert ist allerdings, dass in den untersuchten Fällen ab 1971 kein Gehilfe zu einer Freiheitsstrafe von über 12 Jahren verurteilt wurde. Herausragend bleibt auch der erste Prozess gegen zwei Einsatzgruppenverbrecher im Jahre 1950. Nicht nur, weil auf diesen Prozess eine lange Pause folgte (bis 1957), sondern auch, weil in diesem Fall das Gericht keinerlei Milderungsgründe für die Angeklagten gelten ließ und sie als Täter verurteilte und nicht als Gehilfen.[61]

Aus den oben angeführten Gründen soll eine Phaseneinteilung bezüglich der Urteilspraxis und der Strafzumessung der Gerichte nicht vorgenommen werden. Für ratsamer wird erachtet, eine Kategorieneinteilung bezüglich der Urteilspraxis und der Strafzumessung vorzunehmen. Es soll erläutert werden, wie die Gerichte ihre Urteile und die Strafhöhen begründeten.

3.3 Urteils-Kategorien

Die Strafhöhe bei Einsatzgruppenverbrechen, wie auch bei anderen NS-Tötungsdelikten, wird wesentlich durch die Entscheidung bestimmt, ob Täterschaft oder Beihilfe vorliegt.[62] Wie bereits erwähnt, schreibt Täterschaft im Zusammenhang mit Mord die lebenslange Freiheitsstrafe vor (absolute Strafandrohung des § 211 StGB). Erkennt das Gericht auf Beihilfe zum Mord, so kann das Gericht das Strafmaß auf bis zu 3 Jahre mildern. Die Abgrenzung von Täterschaft und Bei-

---

61 LG Würzburg vom 3.2.1950 (Ks 15/49), abgedruckt bei Rüter, a.a.O., Bd. VI, Lfd. Nr. 192, S. 71 ff. Auf diesen Fall wird im nächsten Kapitel noch zurückzukommen sein.

62 Vgl. Kap. IV.

hilfe ist somit ein entscheidender Faktor für die Urteilsfindung. Im Folgenden sollen die unterschiedlichen Kategorien von Urteilen und Strafmaßen und die zur Begründung angeführten Hauptargumentationsstränge der Gerichte anhand von Fallbeispielen dargestellt werden. Ziel dieser Analyse der Urteile ist, die verschiedenen rechtlichen Möglichkeiten, die die Gerichte zur Ahndung von Einsatzgruppenverbrechen hatten, aufzuzeigen. Dabei stehen die Kategorie der Verurteilungen wegen Beihilfe, als meistgesprochene Urteile, und die Kategorie der Verurteilungen wegen Täterschaft, als mögliche Alternative zur vorherrschenden Gehilfenrechtsprechung, im Vordergrund.

3.3.1 Die Verurteilungen wegen Täterschaft

a) Fall Martin Weiß und August Hering

Am 3.2.1950 verurteilte das Schwurgericht des LG Würzburg (AZ Ks 15/49)[63] den Angeklagten Martin Weiß als Mörder in 7 selbständigen Fällen und wegen Verbrechens der Beihilfe zum Mord in mindestens 30.000 selbständigen Fällen zu lebenslangem Zuchthaus. Der Angeklagte August Hering wurde als Mörder in einem Fall und wegen Verbrechens der Beihilfe zum Totschlag im mindestens 4.000 Fällen ebenfalls zu lebenslangem Zuchthaus verurteilt.

Den Angeklagten wurde vorgeworfen, während ihrer Zugehörigkeit zum EK 3a der Einsatzgruppe A in Ponary bzw. während der Räumung des Ghettos Wilna oben angeführte Straftaten begangen zu haben. Weiß gehörte dem EK 3a von Anfang Oktober 1941 bis zum 12. Juli 1944 an und Hering von Anfang September 1941 bis Ende Mai 1942. Nach Angaben der Angeklagten waren sie ohne eigenes Zutun dem Einsatzkommando zugeteilt worden.

Der 1903 geborene Weiß entstammte einer geachteten Karlsruher Handwerkerfamilie und erlernte nach Abschluss der Schule das Spengler- und Installationshandwerk und legte die Meisterprüfung ab. 1928 übernahm er nach dem Tod seines Vaters das Geschäft. Im Jahre 1934 trat der Angeklagte aus Neigung zum Reitsport der Reiter-SS in Karlsruhe bei. 1937 wurde er Mitglied der NSDAP, wobei ihm besondere politische Betätigung nicht nachgewiesen werden konnte. Nach vorübergehender Entlassung aus dem Wehrdienst wurde Weiß Anfang März 1941 erneut zur Waffen-SS eingezogen und nach Düben, wo die Einsatzgruppen aufgestellt und geschult wurden, in Marsch gesetzt. Nach der Ausbildung wurde er dem EK 3a der Einsatzgruppe A in Wilna zugeteilt. Sein letzter Dienstgrad war der eines Hauptscharführers.

---

63 Abgedruckt bei Rüter, a. a. O., Bd. VI, Lfd. Nr. 192, S. 71 ff.

Der 1910 geborene Hering, ein aus Litauen stammender Baltendeutscher, erlernte nach der Schule das Schlosserhandwerk. Politische Betätigung war dem Angeklagten nicht nachzuweisen. Im Zuge der Umsiedlung der Baltendeutschen nach Deutschland im Februar 1941 gelangte er in ein Auffanglager bei Danzig. Von dort wurde er im Juni 1941 durch ein Fernschreiben des RSHA zum Polizeipräsidium in Danzig in Marsch gesetzt. Von dort wurde er dem EK 3a der Einsatzgruppe A in Wilna zugeteilt. Weiß und Hering waren überwiegend im sogenannten Judenreferat beschäftigt, als Verbindungsmänner zum litauischen Sonderkommando, einer mit Schusswaffen ausgerüsteten kasernierten Polizeitruppe, der die Bewachung des Ghettos Wilna und die Exekutionen der Juden oblagen. Beide Angeklagten waren somit, wie das Gericht feststellte, die unmittelbaren Gewalthaber über das Ghetto Wilna. Zu ihren Aufgaben gehörte u. a. die Bereitstellung des Sonderkommandos für alle gegen das Ghetto oder die jüdische Bevölkerung gerichteten Aktionen sowie die Organisation und die Durchführung dieser Aktionen selbst zu veranlassen und zu beaufsichtigen. Die Angeklagten hatten folglich die ständige und unmittelbare Befehlsgewalt. An ihrer Machtstellung änderte sich laut Feststellung des Gerichts nichts, wenn gelegentlich der Dienststellenleiter, der zuständige Abteilungsleiter oder andere SD-Führer im Offiziersrang bei den Aktionen zugegen waren. Weiß und Hering wählten persönlich die Menschen aus, die den Erschießungen zum Opfer fallen sollten und begleiteten diese auf dem Weg zur Exekutionsstätte und sicherten dabei den Zug gegen Fluchtversuche unter Zuhilfenahme litauischer und deutscher Polizeikräfte. Die Angeklagten wohnten den Massenexekutionen als Überwachungsorgane bei, und zwar der Angeklagte Weiß bei der Erschießung von mindestens 30.000 Menschen und Hering bei der Erschießung von mindestens 4.000 Menschen. Weiß gab zum Teil selbst die Schießbefehle. Überdies erschossen die Angeklagten in zahlreichen Einzelakten zu verschiedensten Gelegenheiten eigenhändig Männer, Frauen und Kinder der jüdischen Bevölkerung. Die angeführten Feststellungen bezüglich des Tatrahmens hielt das Gericht für erwiesen und stützte sich in seiner Beweisführung zum Teil auf die Einlassungen der Angeklagten und im Übrigen auf die zahlreichen, in allen wesentlichen Punkten übereinstimmenden oder sich ergänzenden, glaubwürdigen Zeugenaussagen.

In ihrem Wahrspruch[64] hielten die Geschworenen den Angeklagten Weiß in sieben Fällen und den Angeklagten Hering in einem Fall als Mörder für überführt.

---

64 Rüter, a. a. O., Bd. VI, Lfd. Nr. 192, S. 85–88.

Einzelfeststellungen über Sachverhalt, Beweiswürdigung und rechtliche Würdigung finden sich aufgrund der damaligen Verfahrensvorschriften in dem Urteil nicht.[65]

Bei der Strafzumessung war das Gericht in den Fällen des Mordes an die lebenslange Haft gebunden. Auffallend ist, dass das Gericht – entgegen der später üblichen Urteilspraxis – auch in den Weiß vorgeworfenen Fällen der Beihilfe zum Mord auf lebenslange Zuchthausstrafe erkannte und nicht von der Möglichkeit Gebrauch machte, die Strafe auf bis zu 3 Jahre zu ermäßigen. *„Bei dem für das menschliche Gefühl, den menschlichen Verstand und die menschliche Erfahrung nicht mehr faßbaren Umfang der Straftaten, sowie bei der unvorstellbaren Grausigkeit und Unmenschlichkeit der Massenhinschlachtungen konnte den Angeklagten schuldentsprechend auch als Gehilfen nur die höchstzulässige Strafe des Gesetzes treffen."*[66]

Obwohl das Gericht in einigen Äußerungen des Angeklagten Weiß eine zeitweise Besinnung auf die Verwerflichkeit und Unmenschlichkeit seiner Taten entdeckte und ihm dies als Zeichen der Reue und als Regungen des nicht völlig abgestorbenen Gewissens zurechnete, kam es zu dem Schluss, dass Weiß *„die Massenvernichtung der jüdischen Bevölkerung auch seiner eigenen – sei es sadistischen oder politischen – Gesinnung nach... bejaht haben muß."*[67] Das Gericht erkannte bei Weiß auf eine innere Übereinstimmung mit der massenmörderischen Aufgabe der Einsatzgruppen. Diesen Schluss zog das Gericht aus der besonderen Brutalität, mit der Weiß der Erfüllung seiner Aufgaben nachkam. So schlug er z. B. bei Kontrollen der Arbeitskolonnen am Ghettotor oder bei der Zusammenstellung der zur Exekution bestimmten Menschen rücksichtslos mit der Peitsche auf Männer, Frauen und Kinder ein.

Im Falle des Angeklagten Hering erkannte das Gericht ebenfalls ein Vorliegen verbrecherischer Initiative, hielt ihm allerdings strafmildernd zugute, dass *„...der Umfang und die Intensität der ihm nachgewiesenen Gewaltakte weit hinter denen des Angeklagten Weiß zurückblieben..."*[68] Weiterhin wurde ihm strafmildernd zugebilligt, dass er *„.... im Frühjahr 1942 selbst seine Einberufung zur Wehrmacht betrieb, um von dem grausigen Dienst bei der Einsatzgruppe loszukommen..."*[69] so dass er nur kurze Zeit der Einsatzgruppe angehörte. Unter Abwägung der

---

65 Vgl. S. 79 des Urteils; Zu den Besonderheiten der bayerischen Schwurgerichte vgl. Rüter, a. a. O., Bd. IV, S. V.
66 Rüter, a. a. O., Bd. VI, Lfd. Nr. 192, S. 80.
67 Ebd., S. 81.
68 Rüter, a. a. O., Bd. VI, Lfd. Nr. 192, S. 84.
69 Ebd., S. 84.

Straferschwerungs- und der Strafmilderungsgründe erhielt er deshalb für die Verbrechen der Beihilfe zum Totschlag statt der Höchststrafe (lebenslänglich) 10 Jahre Zuchthaus für jeden Fall, was zu einer Gesamtstrafe für die Beihilfetaten von 15 Jahren zusammengezogen wurde. Da aber beide Angeklagte neben den Beihilfetaten als Mörder verurteilt wurden, lautete für beide die Strafe auf lebenslänglich, denn beide wurden als Täter angesehen.

b) Fall Dr. jur. Alfred Karl Wilhelm Filbert

Am 22.6.1962 verurteilte das Schwurgericht des LG Berlin (AZ 3 PKs 1/62)[70] den Angeklagten Alfred Karl Wilhelm Filbert wegen gemeinschaftlichen Mordes an 6.800 Menschen zu lebenslangem Zuchthaus.

Der 1905 geborene Filbert begann nach der Mittleren Reife eine Banklehre. Nach Ablegung der Reifeprüfung im Jahre 1927 begann Filbert ein Jurastudium. Während dieses Studiums trat er im Spätsommer 1932 in die SS ein und kurz darauf in die NSDAP, *„deren Programm seinen eigenen politischen Vorstellungen entsprach."*[71] Nach Abschluss des Studiums und der Promotion zum Dr. jur. wurde Filbert im Frühjahr 1935 Mitarbeiter des SD-Hauptamtes in Berlin. Dort rückte er im Laufe der Zeit im Rang auf, bis er 1939 als Obersturmbannführer Gruppenchef und stellvertretender Chef des Amtes VI wurde und somit einer der höchsten Amtsträger im RSHA. Im Juni 1941 wurde Filbert als Führer des EK 9 in die Sowjetunion geschickt. Dort ließ er die Massentötungen vornehmen, die den Gegenstand des Verfahrens gegen ihn bildeten. Ihm konnte die Beteiligung an 14 Mordaktionen seines aus 12–15 SS-Offizieren, 30–40 Gestapo- und Kripobeamten sowie SD-Angehörigen im Unterführerrang, einem Zug Reservisten der Waffen-SS und einem Zug der Ordnungspolizei bestehenden Einsatzkommandos nachgewiesen werden. In der Zeit von Anfang Juli 1941 bis Ende Oktober 1941 fielen diesen Mordaktionen mindestens 6.800 Menschen zum Opfer. Filbert war überzeugter Nationalsozialist und bestand auf strikter Durchführung seiner Befehle und sei – wie das Gericht feststellte – allen Erwägungen, die auf Einschränkung der Erschießungen zielten, unzugänglich gewesen.[72] Für den Tatrahmen bedeutend führte das Gericht aus, dass Filbert als Führer des EK 9 von Heydrich in einer Dienstbesprechung über die Aufgaben der Einsatzgruppen informiert worden sei. Hierbei habe er erfahren, *„...daß Hitler die Tötung sämtlicher Juden in dem zu besetzenden Gebiet befohlen hatte und daß es Aufgabe der Einsatzkomman-*

---

70 Abgedruckt bei Rüter, a. a. O., Bd. XVIII, Lfd. Nr. 540, S. 601 ff.
71 Ebd., S. 606.
72 Vgl. Rüter, a. a. O., Bd. XVIII, Lfd. Nr. 540, S. 607.

dos war, diesen Befehl auszuführen."[73] Filbert war demnach von Beginn an über den verbrecherischen Mordbefehl der Einsatzgruppen in Kenntnis gesetzt worden, und er gab auch zu, die Rechtswidrigkeit dieses Befehls erkannt zu haben.[74] Das Gericht dazu weiter: *„Als überzeugter Nationalsozialist und SS-Führer machte er sich... die Motive Hitlers, Himmlers und Heydrichs zu eigen und war entschlossen, für die unnachsichtige Durchführung des Tötungsbefehls in seinem Befehlsbereich zu sorgen.*"[75] Dabei gab er während der Exekutionen auch selbst den Feuerbefehl und schoss in mehreren Fällen eigenhändig auf die wehrlosen Opfer.

In seiner rechtlichen Würdigung kommt das Gericht zu dem Ergebnis, dass Filbert aus Judenhass und damit aus niedrigen Beweggründen, aber auch mit Überlegung die Tötung von 6.800 Menschen verursacht habe. Das Schwurgericht war überzeugt, *„daß Dr. Filbert, als er an der Ausrottung der jüdischen Bevölkerung der besetzten Gebiete der Sowjetunion teilnahm, wie Hitler, Himmler und Heydrich der Auffassung war, daß diese Bevölkerungsgruppe rassisch minderwertig war und deshalb vernichtet werden mußte.*"[76] Aus diesem Grund handelte er nach Ansicht des Gerichts nicht als Gehilfe, sondern als Mittäter. *„Er handelte nicht, um Hitler, Himmler und Heydrich Hilfe zu leisten; sondern er wollte an der von ihm gebilligten Vernichtung des osteuropäischen Judentums als deren Mittäter teilnehmen.*"[77]

Filbert habe die Massenverbrechen als eigene Tat gewollt, was sich in dem besonderen Eifer zeigte, mit dem er sich an ihnen beteiligt hat. Er habe dafür gesorgt, *„daß jeder Jude, dessen er nur irgendwie habhaft werden konnte, getötet wurde.*"[78] Er habe durch sein Einsatzkommando selbst kleine Dörfer durchkämmen lassen. Auf die Empfehlung seines Vorgesetzten, sich bei Judenerschießungen größere Zurückhaltung aufzuerlegen, entgegnete Filbert, *„daß er aus Berlin seine Befehle mitgebracht habe und sie auch ausführen werde.*"[79]

Nachdem das Gericht also festgestellt hatte, dass Filbert die Morde als eigene Tat wollte, stellte sich die Frage nach der Tatherrschaft, und das Gericht kommt schließlich zu dem Ergebnis, dass Filbert die volle Tatherrschaft besaß. *„Der ihm von Heydrich erteilte Befehl war ein Rahmenbefehl, der immer wieder der Konkretisierung bedurfte. Es war dem Ermessen des Angeklagten Dr. Filbert überlassen, ob er alle jüdischen Einwohner einer Ortschaft umbringen ließ und ob er überhaupt*

---

73 Ebd., S. 615.
74 Vgl., S. 624 des Urteils.
75 Ebd., S. 615.
76 Rüter, a. a. O., Bd. XVIII, Lfd. Nr. 540, S. 632.
77 Ebd., S. 633.
78 Ebd., S. 633.
79 Ebd., S. 634.

mit dem Einsatzkommando alle erreichbaren Ortschaften nach Juden durchsuchen ließ."[80] Filbert stand es in vielen Fällen frei, Juden am Leben zu lassen. Das Gericht konstatierte weiter:

> *„Er war in seinem Befehlsbereich der einzige Befehlsgeber, der im Einzelfall zu entscheiden hatte, ob Juden umzubringen waren oder nicht."*[81] Das Gericht betrachtete den Angeklagten auch nicht als Anstifter. *„Zwar ging seine Tätigkeit im Wesentlichen dahin, andere zur Tötung von Juden zu veranlassen"*, aber, so führte das Gericht weiter aus, *„als er Judentötungen befahl, ging sein Wille aber nicht dahin, die seinem Befehl Unterworfenen zu eigenen Entschlüssen und selbstverantwortlichem Handeln zu veranlassen, sondern sie zur Ausführung seiner Entschlüsse... anzuhalten."*[82]

Filbert nutzte seine Position mit Weisungsbefugnis, um Anordnungen für die Ausführung seiner Entschlüsse durch gehorsame Gehilfen weiterzugeben. Dabei war er zu keinem Zeitpunkt ohne Tatherrschaft.

Das Gericht sah in dem Handeln des Angeklagten, dadurch dass es zur Ausführung von Befehlen diente, keinen Entschuldigungs-oder gar Rechtfertigungsgrund. Die Judenerschießungen waren rechtwidrig, und Filbert wusste von Beginn an von dem verbrecherischen Befehl zur Ausrottung der Juden und kann sich somit nicht mit dem Argument des Handelns auf Befehl aus der Verantwortung ziehen.

Das Gericht ließ auch nicht zur Entlastung Filberts die Berufung auf § 47 MStGB gelten, der die Alleinverantwortlichkeit des befehlenden Vorgesetzten für einen ein Strafgesetz verletzenden Befehl in Dienstsachen festlegt. Die Einsatzgruppen befänden sich zwar im Geltungsbereich des MStGB und der generelle Erschießungsbefehl, den Dr. Filbert von Heydrich erhalten hatte, sei auch ein Befehl in Dienstsachen gewesen, dennoch bliebe die strafrechtliche Verantwortlichkeit Filberts erhalten, da er um den verbrecherischen Zweck des ihm erteilten Befehls gewusst habe. Und genau das ist gemäß § 47 MStGB unter Strafe gestellt, nämlich dann wenn bekannt gewesen ist, dass der Befehl des Vorgesetzten eine Handlung betrifft, welche ein allgemeines oder militärisches Verbrechen bezweckt.

Filbert konnte sich auch nicht auf das Bestehen eines Nötigungs-oder Notstandes berufen. Das Gericht verwies darauf, dass sein Wille mit dem der Urheber der Judenerschießungen übereinstimmte und er durch sein Handeln einen eigenen Beitrag zur Ausrottung der Juden leisten wollte.

---

80 Ebd., S. 634.
81 Ebd., S. 634.
82 Rüter, a. a. O., Bd. XVIII, Lfd. Nr. 540, S. 634.

Angesichts dieser Tatsachen bedurfte es keiner Nötigung, um den Angeklagten zu seinem Tatbeitrag zu bewegen. Filbert war nach obigen Ausführungen als Täter anzusehen, und das Gericht war somit an die lebenslange Haftstrafe gebunden.

c) Fall Albert Rapp

Am 29.3.1965 verurteilte das Schwurgericht des LG Essen (AZ 29 Ks 1/64)[83] den Angeklagten Albert Rapp wegen gemeinschaftlichen Mordes an 1.180 Menschen, begangen durch zehn selbständige Taten, zu lebenslangem Zuchthaus.

Der 1908 geborene Rapp bestand 1928 die Reifeprüfung und begann im Anschluss ein Jurastudium. 1933 legte er sein Referendarexamen ab und 1936 bestand er das Assessorexamen. Bereits während der Schulzeit war Rapp mit rechtsorientierten politischen Organisationen in Berührung gekommen. Im Dezember 1931 trat er in die NSDAP ein und Ende 1932 in die SA. Im Juni 1936 trat Rapp hauptamtlich in den SD ein und gleichzeitig der SS bei. Mit seinem Eintritt in die SS ist er aus der SA ausgeschieden. Entsprechend seinem SA-Rang wurde Rapp in die SS als Untersturmführer übernommen. Das Gericht stellte in seiner Beweisaufnahme fest, dass der Angeklagte bereits beim Überfall auf Polen für die Sicherheitspolizei und den SD tätig war.

Ende Februar 1942 wurde Rapp im Range eines Obersturmbannführers zum Führer des SK 7a in Russland eingesetzt. Nach Einlassung des Angeklagten erfuhr dieser erst unmittelbar vor Übernahme des Sonderkommandos von den Mordaufträgen der Einsatzgruppen. Dies konnte ihm nicht widerlegt werden. Rapp sollte mit seinem 100120 Mann starken Kommando, bestehend aus SD-Angehörigen, Angehörigen der Kriminalpolizei und der Gestapo, Waffen-SS-Reservisten, einem Zug aktiver Waffen-SS, einem Verwaltungsstab, Dolmetschern und Fahrern, in Klincy ein Ruhequartier beziehen. Der Angeklagte war vom 21. Februar 1942–20. April 1942 mit seinem Kommando in Klincy. In dieser Zeit soll er die ihm vorgeworfenen Taten begangen haben. *„Er soll dabei... außerhalb des ihm zugewiesenen Einsatzgebietes... aus eigenem Antrieb, um als besonders tatkräftiger und einsatzbereiter SS-Führer zu erscheinen und sich ohne Rücksicht auf Menschenleben berufliche Aufstiegs- und Auszeichnungsmögkichkeiten zu verschaffen, Juden und andere sogenannte potentielle Gegner des nationalsozialistischen Regimes (Kommunisten, Partisanenverdächtige, Zigeuner und Geisteskranke), die bei den Aktionen des zuvor tätig gewordenen Einsatzkommandos 8 verschont geblieben waren, ... haben aufspüren und festnehmen lassen.“*[84] Die festgenommenen Personen sollen in

---

83 Abgedruckt bei Rüter, a. a. O., Bd. XX, Lfd. Nr. 588, S. 715 ff.
84 Rüter, a. a. O., Bd. XX, Lfd. Nr. 588, S. 719.

Massenerschießungen getötet worden sein. Das Gericht konnte dem Angeklagten die Beteiligung an der Tötung von mindestens 1.180 Menschen nachweisen.

In seiner Beweisaufnahme kommt das Gericht zu dem Ergebnis, dass der Angeklagte die Kommandoführung fest in der Hand hielt. Sein Kommando war nicht in selbständig handelnde Unterkommandos eingeteilt. Exekutionstrupps wurden von Rapp von Fall zu Fall zusammengestellt. Dabei ließ er den nach ihm rangnächsten Offizieren keinen Spielraum für eigene Initiative, die Erschießungen gemäß der allgemeinen Befehlslage mit eigener Befehlsgewalt durchzuführen.

Das Gericht charakterisierte den Angeklagten als äußerst streng und keinen Widerspruch duldend. Rapp war überzeugter Nationalsozialist und verfolgte die Erfüllung des „Führerbefehls" mit außerordentlicher Nachdrücklichkeit.

„Der Angeklagte war bestrebt, die Vernichtung potentieller Gegner, insbesondere der Juden so vollständig wie nur irgendmöglich durchzuführen. Er hat keinerlei Schonung geübt oder Mitleid gezeigt. Die vollständige Vernichtung der Juden stellte der Angeklagte in anfeuernden Worten und Ansprachen dem Kommando als eine Aufgabe hin, die unbedingt durchgeführt werden müsse. Die Juden bezeichnete er ebenso wie die Zigeuner als niedrige, heruntergekommene, asoziale, verseuchte und verdreckte Völker, die ausgerottet werden müßten. Die Deutschen bezeichnete er demgegenüber als >Herrenmenschen<, die SS als >Elite des Führers<, die diesem unbedingten Gehorsam schulde."[85]

Der Angeklagte handelte bei der Anordnung der Exekutionen ohne Einzelanweisungen durch seinen direkten Vorgesetzten. Besonders wurde vom Gericht der Eifer hervorgehoben, den er dabei zeigte:

„Der Angeklagte legte vielmehr aus eigenem Antrieb außerordentlichen Eifer an den Tag. Er ließ sich durch nichts in seiner Aktivität hemmen. Auch die Widrigkeiten des russischen Winters konnten den Angeklagten von Unternehmungen, in deren Verlauf Juden getötet wurden, nicht abhalten."[86]

In der rechtlichen Würdigung kommt das Gericht zu dem Ergebnis, dass Rapp sich des gemeinschaftlichen Mordes an 1.180 Menschen schuldig gemacht hat Er habe dabei als Mörder gehandelt, weil er aus niedrigen Beweggründen tötete. Er teilte die Einstellung der obersten nationalsozialistischen Führung gegenüber den Juden und hat sie sich zu eigen gemacht. Aus diesem Grund verfolgte er die Durchführung des Mordbefehls mit Nachdruck. Die Einstellung des Angeklagten werde schon durch seinen einverständlichen Eifer bei der Vernichtung der Juden deutlich. Sie spiegele sich nach Überzeugung des Schwurgerichts auch in seinen Äußerungen wider, dass die Juden Staatsfeinde Nr. 1, Parasiten, ein nied-

---

85 Rüter, a. a. O., Bd. XX, Lfd. Nr. 588, S. 732.
86 Ebd., S. 732.

riges, heruntergekommenes, asoziales, verseuchtes und verdrecktes Volk seien, das ausgerottet werden müsse. Rapps Beweggründe und Motive beurteilte das Gericht folgendermaßen:

> *„Diese Beweggründe zur Tötung der Juden... sind niedrig, weil sie auf der niedrigsten Stufe der sittlichen Bewertung stehen, als besonders verwerflich, ja verächtlich anzusehen sind und keinerlei Verständnis, geschweige denn Billigung verdienen. Solche Anschauungen widersprechen so sehr den jahrhundertealten Vorstellungen... über Recht und Sittlichkeit, Wert und Würde der menschlichen Person und des menschlichen Lebens, daß diejenigen, die sich dadurch zur Tötung auch nur eines Menschen bestimmen lassen, gemein und verächtlich handeln."*[87]

Das Gericht befand weiterhin, dass Rapp bei der Anordnung und Leitung der Erschießungen grausam handelte, *„weil er den Opfern aus gefühlloser, unbarmherziger Gesinnung über das an sich zur Tötung erforderliche Maß hinausgehende Leiden und Qualen zufügte."*[88] Das Gericht erkannte bei Rapp keinerlei mitleidsvolle Regungen gegenüber den Opfern.

Nachdem das Gericht also die Erfüllung der Tatbestandsmerkmale des § 211 StGB (Mord) überprüft hatte und sie als erfüllt erachtet hatte, wandte es sich der Frage nach der Tatherrschaft zu, mit dem Ergebnis, dass sich der Angeklagte *„nicht als bloßer Gehilfe der obersten nationalsozialistischen Gewalthaber, insbesondere Hitlers, Himmlers und Heydrichs, sondern als deren Mittäter des gemeinschaftlichen Mordes schuldig gemacht"* hat.[89] Er war dabei nicht nur Werkzeug anderer und wollte nicht nur fremdes Tun fördern, *„vielmehr stand er den von ihm mitverübten... Taten... positiv gegenüber und hat... sie als eigene gewollt."*[90]

Dabei hatte er die volle Tatherrschaft:

> *„Für den Angeklagten als den weitgehend unabhängigen Führer eines Sonderkommandos bedeuteten die nationalsozialistischen Vernichtungsbefehle nur Richtlinie und Rahmen für die von ihm immer wieder aufs Neue zu treffenden Entschlüsse, ob, wann und wie im einzelnen Vernichtungsmaßnahmen durchgeführt werden sollten. An einzelnen Anweisungen durch die Einsatzgruppe hat es gänzlich gefehlt."*[91]

Dabei hob das Gericht besonders hervor, dass das SK 7a in Klincy eigentlich ein Ruhequartier beziehen sollte. Diese Möglichkeit, den Mordbefehlen zu entgehen, nutzte der Angeklagte nicht, sondern ergriff jede sich bietende Gelegenheit, Juden

---

87 Rüter, a. a. O., Bd. XX, Lfd. Nr. 588, S. 801.
88 Ebd., S. 802.
89 Ebd., S. 803.
90 Ebd., S. 803.
91 Ebd., S. 803.

und andere „potentielle Gegner" zu töten. Dies ist ein entscheidender Beweis, dass Rapp die Tatherrschaft hatte und die Taten als eigene gewollt hat. Dabei ließ er sich, wie schon erwähnt, auch nicht von widrigen Witterungsverhältnissen abhalten.

Eine besondere Bejahung des Vernichtungsbefehls durch den Angeklagten sah das Gericht in der Tatsache, dass Rapp außerhalb seines Zuständigkeitsbereiches im Einsatzgebiet des EK 8 tätig wurde.

> *„Der Angeklagte setzte sich über die mangelnde Zuständigkeit in dem Bestreben, möglichst viele Juden zu töten hinweg. Gerade hier hätte er, wenn die Tötung der Juden ihm widerstrebt hätte, die Tat unterlassen können."* [92]

Eine Entschuldigung der Taten mit dem Argument des „Handelns auf Befehl" ließ das Gericht nicht gelten, denn Rapp war in Kenntnis über die Unrechtmäßigkeit des verbrecherischen Mordbefehls und „*... war sich auch bewußt, selbst an den Unrechtshandlungen beteiligt zu sein, als er sich mit allen Kräften für die Durchführung dieser Ausrottungspläne einsetzte.*"[93] Kein Befehl hebe nach Ansicht des Gerichts die Rechtswidrigkeit dieser Taten auf.

Ebensowenig ließ das Gericht den Grundsatz des § 47 MStGB für den Angeklagten gelten, der besagt, dass der Befehlende allein verantwortlich ist, wenn durch die Ausführung eines Befehles in Dienstsachen ein Strafgesetz verletzt wird. Zwar befand sich Rapp in seiner Position im Geltungsbereich des MStGB und führte auch Befehle in Dienstsachen aus, aber § 47 MStGB besagt auch, daß den gehorchenden Untergebenen dann die Strafe des Teilnehmers, das kann auch die des Mittäters sein, trifft, wenn ihm bekannt gewesen ist, dass der Befehl des Vorgesetzten eine Handlung betraf, welche ein allgemeines oder militärisches Verbrechen bezweckte. „*Der Angeklagte war sich jedoch mit Gewißheit darüber im Klaren, daß durch diese Befehle allgemeine Verbrechen, nämlich Mordtaten, bezweckt waren.*"[94] Rapp konnte die Verantwortung demnach nicht auf seine Vorgesetzten bzw. auf Hitler, Himmler und Heydrich abwälzen.

Die Taten des Angeklagten sind auch nicht wegen Bestehens eines Nötigungs- bzw. Notstandes zu entschuldigen. Der Wille des Angeklagten, so das Gericht, sei nicht durch eine wirkliche oder vermeintlich vorhanden gewesene Lebensgefahr gebeugt worden. Es habe keiner Nötigung bedurft, um den Angeklagten zu seinen Taten zu veranlassen.

---

92 Rüter, a. a. O., Bd. XX, Lfd. Nr. 588, S. 804.
93 Ebd., S. 805.
94 Ebd., S. 805.

Aus allen aufgeführten Gründen konnte das Gericht Rapp nur als Täter ansehen und war somit an die lebenslange Haft gebunden.

3.3.2 Die Verurteilungen wegen Beihilfe zum Mord mit hoher Strafzumessung

a) Fall Hans-Joachim Böhme

Am 29.8.1958 verurteilte das Schwurgericht des LG Ulm (AZ Ks 2/57)[95] im bekannten Ulmer Einsatzgruppenprozess den Angeklagten Hans-Joachim Böhme wegen eines Verbrechens der gemeinschaftlichen Beihilfe zum gemeinschaftlichen Mord in 3.907 Fällen zu 15 Jahren Zuchthaus.

Der 1909 geborene Böhme studierte nach Ablegung der Reifeprüfung im Jahre 1928 Rechtswissenschaften. Am 6.2.1933 legte er das erste und im November 1936 das zweite juristische Staatsexamen ab. Der NSDAP und der SS trat Böhme im Jahre 1933 bei. 1938 wurde er der Gestapo Kiel zur Einarbeitung zugewiesen. Am 1.10.1940 wurde Böhme Leiter der Staatspolizeistelle Tilsit. 1941 wurde er zum Regierungsrat ernannt und erhielt den Rang eines SS-Sturmbannführers. Bei der Stapo Tilsit war Böhme bis Oktober 1943 tätig.

Vor Beginn des Russlandfeldzuges war der Angeklagte 1 m Besitz dreier Geheimerlasse des RSHA. Bei einem der Erlasse handelte es sich um eine auf Stichwort zu öffnende Geheime Reichssache, die zum Inhalt die Erfassung der sogenannten „potentiellen Gegner" im Fall Barbarossa, d. h. die physische Vernichtung der Juden und Kommunisten, hatte. Nach Beginn des Russlandfeldzuges öffnete Böhme den Erlass und nahm von ihm Kenntnis, ohne seinen Untergebenen den Inhalt bekanntzugeben. Es ist folglich festzustellen, dass Böhme von Beginn an über den verbrecherischen Befehl von höchster Stelle unterrichtet worden ist und auch wusste, dass die Juden aus rassischen Gründen getötet werden sollten und der Befehl rechtswidrig war. Von Stahlecker, dem Leiter der Einsatzgruppe A, erhielt Böhme am 22.6.1941 den Auftrag, mit den Angehörigen seines Stapo-Abschnitts in dem 25 km breiten Grenzstreifen, der östlich der damaligen Reichsgrenze auf litauischem Gebiet lag, alle Juden und kommunistenverdächtigen Litauer zu töten. Böhme ließ sich den Befehl Stahleckers zunächst vom RSHA bestätigen und machte sich daraufhin an dessen Ausführung, in klarem Bewusstsein über die Rechtswidrigkeit und den verbrecherischen Zweck des Befehls. In der Zeit von Juni bis September 1941 war der Angeklagte an 31 Massenexekutionen beteiligt, bei denen mindestens 3.907 Menschen getötet wurden. Aus seiner

---

95 Abgedruckt bei Rüter, a. a. O., Bd. XV, Lfd. Nr. 465, S. 1 ff.

Stellung als Leiter der Staatspolizeistelle Tilsit ergibt sich, dass er bezüglich der Erschießungen anordnende und leitende Funktionen ausübte. Außerdem war er mehrfach bei den Exekutionen direkt vor Ort anwesend. Als oberster Befehlsgeber in seinem Zuständigkeitsbereich erhielt er seine Befehle direkt vom RSHA und von dem Führer der Einsatzgruppe A. Die Umsetzung dieser Befehle lag im Ermessen des Angeklagten.

In der rechtlichen Würdigung kommt das Gericht zu dem Ergebnis, dass Hitler, Himmler und Heydrich als Haupttäter anzusehen sind, die als die nationalsozialistischen Gewalthaber *„gemeinsam den Vernichtungsplan ausgeheckt und ihn unter Einschaltung des RSHA organisatorisch und technisch vorbereitet [haben] und durch die Einsatzgruppen... durchführen [ließen]."*[96] Ihnen wurde der Täterwillen und die volle Tatherrschaft zugerechnet. Sie handelten als mittelbare Täter. Das Gericht verwies in seinem Urteil auf die Rechtswidrigkeit der von den Haupttätern begangenen Taten und stellte heraus, dass es dafür keinerlei Rechtfertigungsgründe gäbe. Hitler, Himmler und Heydrich hätten in klarem Bewusstsein über die Rechtswidrigkeit ihrer Taten mit Überlegung und aus besonders verwerflichen Gründen gehandelt. Nachdem das Gericht den Tatbeitrag der Haupttäter bewertet hatte, wendete es sich der Frage nach dem Umfang der Beteiligung des Angeklagten Böhme zu. Als Vorgesetzter gab er die Befehle zur Tötung der Juden und organisierte und leitete die Exekutionen. Dabei war er in Kenntnis über die Rechtswidrigkeit der Tötungen. Schon aus diesem Grunde entfällt nach Auffassung des Gerichts der Schuldausschließungsgrund des § 47 MStGB, welcher schon mehrfach ausgeführt worden ist und aus diesem Grunde an dieser Stelle nicht wiederholt werden soll. Die Rechtfertigungsgründe der Staatsnotwehr bzw. des Staatsnotstands scheiden hier ebenso wie bei den Haupttätern aus, da die Juden keine Bedrohung für den Bestand Deutschlands darstellten und ihre Ermordung auch aus militärischer Sicht nicht gerechtfertigt war.

Die Berufung des Angeklagten auf Befehlsnotstand (§§ 52 [Nötigungsstand] und 54 [Notstand] StGB a. F.) ließ das Gericht nicht gelten, da die Beweisaufnahme einwandfrei ergeben hat, dass Böhme zu keiner Zeit genötigt worden ist, die Massenexekutionen durchzuführen.

„Nach der Überzeugung des Schwurgerichts waren aber weder der Angekl. Böhme noch die anderen Angeklagten in einer solchen Zwangslage und haben auch nicht eine solche angenommen, weshalb sie auch nicht den sogenannten Nötigungsstand oder den übergesetzlichen Notstand für sich geltend machen können... Nach der Überzeugung des Gerichts haben sie nicht deshalb bei der Erschießung mitgewirkt, weil sie der ihnen sonst drohenden

---

96 Rüter, a. a. O., Bd. XV, Lfd. Nr. 465, S. 232.

gegenwärtigen Leibes- oder Lebensgefahr haben entgehen wollen. Ihre Mitwirkung ist ih-
nen nicht durch Drohung mit gegenwärtiger Gefahr für Leib oder Leben abgenötigt wor-
den, so daß ihr Wille durch diese Drohung gebeugt worden ist. Auf Grund der eingehenden
Beweisaufnahme hat nicht festgestellt werden können, daß bei Verweigerung eines Be-
fehls... objektiv eine Gefahr für Leib oder Leben des Befehlsverweigerers bestanden hat."[97]

Weil das Gericht bei dem Angeklagten auch kein ernstliches Bemühen erkannte, sich der Ausführung des Befehls zu entziehen, ging es davon aus, dass es keiner Anstrengung bedurft habe, den Angeklagten zur Durchführung seiner Taten zu bewegen.

Obwohl Böhme bei den von ihm angeordneten Massenerschießungen die Befehlsgewalt hatte, kommt das Gericht zu dem Schluss, dass er nicht als Täter, sondern als Gehilfe gehandelt habe. Nach der subjektiven Theorie des Reichsgerichts ist für die Abgrenzung zwischen Mittäterschaft und Beihilfe entscheidend, *„ob der Beschuldigte die Ausführungshandlung mit Täterwillen unternommen, d. h. die Tat als eigene gewollt hat, oder ob er damit Lediglich eine fremde Tat hat unterstützen wollen."*[98] Ob ein eigener Täterwillen vorliegt ist durch das Gericht wertend zu ermitteln, unter Berücksichtigung aller Umstände, die den Geschehensablauf beeinflusst haben. Für Böhme stellte das Gericht zunächst einige Umstände fest, die gegen eine Gehilfenschaft sprechen und für eine Täterschaft: *„Trotz des Handelns auf Befehl spricht bei [dem] Angeklagten Böhme... für eine Täterschaft der Umstand, daß [er] als Abschnittsführer der Stapo... Tilsit den Befehl und auch gewisse nähere Anweisungen zur Durchführung der Säuberungsaktion von SS-Brigadeführer Dr. Stahlecker, dem Leiter der Einsatzgruppe A, bekommen [hat], daß [ihm] aber doch im Großen und Ganzen die Art und Weise der Durchführung, so vor allem auch die Auswahl der zu erschießenden Kommunisten, überlassen geblieben ist."*[99]

Trotz der Zweifel folgte das Gericht der Einlassung des Angeklagten, dass er die Massenexekutionen nicht mit eigenem Täterwillen sondern nur mit dem Gehilfenwillen durchgeführt habe. Dabei hielt das Gericht ihm zugute, dass er nach Erhalt des Befehls von Stahlecker nicht sofort mit den Exekutionen begonnen habe, sondern sich diesen Befehl vorher vorn RSHA bestätigen ließ.

In der Strafzumessung wurde dem Angeklagten strafverschärfend zugerechnet, dass er die seine führende Stellung mit sich bringende Möglichkeit, sich den Erschießungen zu entziehen nicht genutzt habe. Weiterhin zu seinen Ungunsten sprach, dass er als Leiter der Exekutionen die Brutalität und Grausamkeit, mit der diese durchgeführt wurden, tolerierte bzw. unterstützte. *„Er hat es als Vorgesetzter*

---

97 Rüter, a. a. O., Bd. XV, Lfd. Nr. 465, S. 90.
98 RGSt, Bd. 74, S. 84.
99 Rüter, a. a. O., Bd. XV, Lfd. Nr. 465, S. 241.

ruhig mit ansehen können und zugelassen, daß die Erschießungen roh und brutal durchgeführt worden sind. Er hat die Erschießungsvorgänge und sich selbst sowie das Erschießungskommando in „Pose" fotografieren lassen."[100] Das Gericht konnte aus oben beschriebenem Verhalten Böhmes oder auch seinem Verhalten während der Verhandlung keinerlei Anzeichen entnehmen, dass er von seinen Taten damals oder zum Zeitpunkt der Verhandlung innerlich berührt gewesen sei.

Böhme wurde vom Gericht, wie schon erwähnt, nicht als Täter sondern lediglich als Gehilfe angesehen, und nach Berücksichtigung aller aufgeführten Gründe hielt das Gericht eine Strafe von 15 Jahren Zuchthaus für angemessen.

Im Rahmen des Ulmer Einsatzgruppenprozesses wurde ein weiterer Angeklagter wegen Beihilfe zum Mord zu 15 Jahren Zuchthaus verurteilt. Er war als Abschnittsleiter SD-Tilsit mit Böhme, als Abschnittsleiter der Gestapo-Tilsit, gleichrangig und hatte ebenfalls einen erheblichen Anteil an der Durchführung der Massenmorde an den Juden und Kommunisten. Die Urteilsbegründung ist in den entscheidenden Punkten fast dieselbe wie bei Böhme. Aus diesem Grund wird der „Fall Hersmann" hier nur kurz erwähnt.

b) Fall Carl Zenner

Am 12.6.1961 verurteilte das Schwurgericht des LG Koblenz (AZ 9 Ks 1 /61)[101] den Angeklagten Carl Zenner wegen Beihilfe zum Mord zu 15 Jahren Zuchthaus.

Dem Angeklagten wurde die Beteiligung an einer vorn 7. bis 11. November 1941 in Minsk stattgefundenen Massenerschießung russischer Juden, bei der 6.624 Menschen getötet wurden, nachgewiesen.

Der 1899 geborene Zenner studierte nach Abschluss der Schule Volks- und Betriebswirtschaft. Am 7.8.1925 trat er der NSDAP bei und 1926 der SA und der SS. In der SS war Zenner besonders aktiv. Als einer der ersten SS-Männer baute er persönlich die SS im Bezirk Köln-Aachen, Koblenz, Trier auf. Nach steilem Aufstieg wurde Zenner 1934 SS-Oberführer. Ab dem 15.1.1937 war er in einer führenden Stellung im SD-Hauptamt in Berlin tätig. Schließlich wurde er Polizeipräsident in Aachen. Außerdem war der Angeklagte politisch stark engagiert, so dass er schon im Juli 1932 in den Reichstag gewählt wurde. Er war zugleich Mitglied des Kreistags Ahrweiler.

Der Werdegang des Angeklagten verdeutlicht, dass er sich früh dem Nationalsozialismus verschrieben hatte und sich überzeugt für ihn und seine Ideologie einsetzte.

---

100 Rüter, a. a. O., Bd. XV, Lfd. Nr. 465, S. 257.
101 Abgedruckt bei Rüter, a. a. O., Bd. XVII, Lfd. Nr. 512, S. 497 ff.

Am 12.8.1941 wurde der inzwischen zum SS-Brigadeführer und Generalmajor der Polizei beförderte Zenner durch Erlass des RFSSHimmler von seinem damaligen Posten eines Polizeipräsidenten beurlaubt und zum SS- und Polizeiführer in Minsk ernannt. Die Dienststellung des SS- und Polizeiführers für Weißruthenien bekleidete Zenner bis zum 21.7.1942. Er war in Weißruthenien der ranghöchste Führer der Sicherheitspolizei und des SD und hatte somit absolute Befehlsgewalt. Zum Zeitpunkt seines Dienstantritts in Minsk, befand sich dort bereits ein großes Ghetto, in dem zehntausende russischer Judenlebten und das den Einsatzkräften der SiPo und des SD unterstand.

In der zweiten Oktoberhälfte 1941 erhielt ein Untergebener Zenners telefonisch den Befehl, unverzüglich mit der Exekution russischer Juden zu beginnen, da im Ghetto von Minsk Platz für deutsche Juden gemacht werden müsse. Aus Gewissensgründen wandte sich dieser Untergebene an seinen Vorgesetzten Zenner. Der versprach, für die Exekution ukrainische Hilfswillige einzusetzen. Am 7.11.1941 begann am frühen Morgen die geplante Aktion, bei der auch Zenner anwesend war. Im Urteil heißt es dazu: *„Er [Remmers, der Untergebene Zenners, Anm. d. Verf.] begab sich um diese Zeit zum Ghetto, und kurz nach ihm fand sich auch Zenner dort ein. Ein Polizeibeamter meldete diesem, deutsche Orpo- und SD-Leute waren geradedabei, alle Juden – Männer, Frauen und Kinder – aus einem Wohnviertel des Ghettos hinauszutreiben. Das geschah mitunter auf brutale Weise; so hat der Zeuge He. beobachtet, wie ein SD-Mann mit einer Zaunlatte auf eine alte Frau einschlug... Die Juden wurden außerhalb von Minsk zunächst in eine Baracke einer ehemaligen Möbelfabrik getrieben, wo man ihnen alle Wertsachen abnahm. Sie waren in dieser Baracke in solchen Massen eingepfercht, daß sie... die Fenster einschlugen, um nicht zu ersticken. Von hier aus transportierten LKWs im Pendelverkehr die Juden zur Exekutionsstätte. Dort waren 2 Gruben von ca. 30 m Länge, 4 m Breite und einigen Metern Tiefe ausgehoben. An einer der Gruben war ein Erschießungskommando von etwa 10 bis 15 fremdvölkischen Schützen postiert... Die Absperrung, auch die an der Baracke, nahmen deutsche Beamtedieser Dienststelle vor.“*[102]

Die Erschießungen dauerten bis zum 11. November 1941. Das Gericht stellte ausdrücklich fest, dass Zenner für die Mordaktionen verantwortlich war. *„Mit... Gewißheit aber steht fest, daß diese Schutzmannschaften dem KdO und damit dem Angeklagten Zenner unterstellt waren.“*[103]

---

102 Rüter, a. a. O., Bd. XVIII, Lfd. Nr. 512, S. 512.
103 Ebd., S. 530.

Zum Persönlichkeitsbild Zenners stellte das Gericht, gestützt durch mehrere Zeugenaussagen, fest, dass er ein Mann sei, der sich keine Befugnisse nehmen lasse und die Befehlsgewalt über die Sicherheitspolizei und den SD in Weißruthenien für sich beansprucht habe. Zenner hat während der Beweisaufnahme so beharrlich gelogen und abgestritten, überhaupt etwas von der Exekution gewusst zu haben, dass das Gericht dies sogar im Urteil mehrfach betont rügte: *„Geradezu eine Zumutung für das Gericht war es, als Zenner Glauben machen wollte, er als ranghöchster Führer der SiPo und OrPo in Weißruthenien mit dem Sitz in Minsk, habe damals nie etwas von dem Massaker vom 7.11.–11.1941 gehört."*[104]

In der rechtlichen Würdigung kommt das Gericht zu dem Ergebnis, dass die Massenerschießung Mord war, weil die Tatbestandsmerkmale des § 211 Grausamkeit und niedriger Beweggrund bei der Durchführung dieser Mordaktion erfüllt wurden.[105] Die Tötungen seien objektivrechtswidrig gewesen, da jegliche Rechtfertigungsgründe für solche Gewaltmaßnahmen gefehlt hätten. Das Vorliegen eines Staatsnotstandes wurde vom Gericht verneint, denn *„von einer von den Juden ausgehenden, unmittelbar drohenden Gefahr konnte keine Rede sein."*[106]

Der objektive Tatbeitrag Zenners bestand darin, dass er auf die Bitte seines Untergebenen hin seiner Befehlsgewalt unterstehende Kräfte der OrPo zur Absperrung und eine ihm zumindest mittelbar unterstehende Schutzmannschaft als Exekutionskommando beauftragte und für die notwendigen Vorbereitungen der Exekution sorgte. Der Angeklagte hatte somit wesentlichen Einfluss auf die Erschießung der Juden.

Der entscheidende Punkt in der rechtlichen Würdigung des Gerichts ist, dass die Beteiligung Zenners an der besagten Massenerschießung nicht als Täterschaft zu werten sei. Vielmehr trage die Tat nur die subjektiven Merkmale der Beihilfe. Als Taturheber und Haupttäter wurden Hitler und die ihn in der Ausarbeitung des „Führerbefehls" unterstützenden Himmler, Heydrich verantwortlich gemacht. Sie handelten nach Ansicht des Gerichts als mittelbare Täter. Die Zenner zur Last gelegten *„Tötungshandlungen beruhen auf dem von Hitler erlassenen Grundsatzbefehl, auf der mit seinen Komplizen beschlossenen ‚Endlösung'. Mit der Erteilung dieses Befehls begannen alle jene unzähligen Morde. Dies war der entscheidende, das Blutbad auslösende, einheitliche Beitrag zu allem, was im Zuge der ‚Endlösung' kommen sollte."*[107]

---

104 Ebd., S. 536.
105 Vgl. dazu meine Ausführungen zu den Tatbestandsmerkmalen des § 211.
106 Rüter, a.a.O., Bd. XVIII, Lfd. Nr. 512, S. 539.
107 Ebd., S. 540.

Das Gericht stellt bezüglich Zenners Taten fest, dass er diese nicht mit eigenem Täterwillen ausgeführt habe. Obwohl das Gericht aus dem politischen Werdegang des Angeklagten seine Bejahung der Ziele des Nationalsozialismus ablas, folgte es der Einlassung Zenners, dass er die Vernichtung der Juden nicht gebilligt und ihr ablehnend gegenübergestanden habe. Unter diesen Umständen hielt es das Gericht, trotz allen Verdachts, für nicht möglich, einen Täterwillen festzustellen und wertete die Mitwirkung Zenners an der Exekution aus diesem Grund lediglich als Beihilfe und nicht als Täterschaft.

Ferner entbinde § 47 MStGB, der besagt, dass für die Durchführung eines Befehls in Dienstsachen nur der befehlende Vorgesetzte verantwortlich zu machen sei, falls dieser Befehl ein allgemeines oder militärisches Strafgesetz verletze, Zenner nicht von seiner Verantwortlichkeit, da er um den verbrecherischen Charakter des „Führerbefehls" gewusst habe. In § 47 MStGB wird auch festgeschrieben, dass der handelnde Untergebene dann verantwortlich zu machen ist, wenn er weiß, dass der Befehl ein rechtswidriger ist. Das traf nach Ansicht des Gerichts bei Zenner zu und folglich entbinde ihn sein Handeln auf Befehl nicht von seiner Verantwortlichkeit.

Das Gericht prüfte auch, ob Zenner aus einem tatsächlichen oder einem subjektiven Notstand (Putativnotstand) heraus gehandelt habe. Dies wurde vom Gericht verneint, denn „*Ungehorsam gegenüber diesen verbrecherischen Befehlen hatte, wie die Beweisaufnahme ergeben hat, schlimmsten Falles eine Degradierung und Versetzung zur Front zur Folge.*"[108] Dadurch bestünde aber keine Gefahr für Leib und Leben. Auch aus Sicht des Angeklagten bestünde kein Befehlsnotstand. Zum einen, weil es keinerlei Präzedenzfälle gab, die zu solchen Befürchtungen hätten Anlass geben können und vor allem befand sich Zenner in einer gehobenen Position mit „verdienstvoller nationalsozialistischer Karriere", in der er nicht unbedingt um sein Leben fürchten musste. Befehlsnotstand als Schuldausschließungsgrund für Zenner konnte also nicht geltend gemacht werden.

In der Strafzumessung hält das Gericht für bedeutsam, dass Zenner nicht aus eigenem Antrieb, sondern nur auf Befehl hin tätig geworden sei. Das Gericht geht davon aus, dass er ohne den äußeren Anstoß des „Führerbefehls" niemals vergleichbar furchtbare Taten begangen hätte. Dieses wird ebenso strafmildernd angeführt, wie die Einschätzung des Gerichts, dass der Angeklagte aus einer Art psychotischer Verherrlichung des Nationalsozialismus heraus gehandelt habe.

Strafverschärfend wirkte nach Auffassung des Gerichts das erschreckende Ausmaß der Tötungen: „*Die Zahl der Opfer entspricht der Bevölkerung eines ganzen*

---

108   Rüter, a. a. O., Bd. XVII, Lfd. Nr. 512, S. 546.

Stadtteils oder eines großen Dorfes. Gerade dieses große Ausmaß des Massakers ist von besonders schwerem Gewicht für die Bemessung der Schuld [des Angeklagten] und damit für die Strafhöhe. Allein schon die Vorstellung eines derartigen Massenschlachtens, das zu organisieren und durchzuführen man [ihm] zumutete, hätte [den Angeklagten] aus der tierischen Stumpfheit [seines] ,Kadavergehorsams' aufrütteln und zu größtem Widerstand anstacheln müssen."[109] Die Grausamkeit bei den Erschießungen, von der schon an anderer Stelle berichtet worden ist, wurde vom Gericht ebenfalls straferschwerend bewertet. Der umfangreiche Tatbeitrag Zenners wiegt in den Augen des Gerichts besonders schwer: *„Der Tatbeitrag des Angeklagten Zenner... umfaßte die gesamte Durchführung der Erschießungen Beginn des Zusammentreibens der Juden im Ghetto bis zum letzten Schuß und Zuschütten der beiden Massengräber. Er beorderte alle erforderlichen Kräfte die Polizeieinheiten, die die Wohnblocks im Ghetto räumten und die Juden hinaus zur Baracke trieben, die Transportmittel, die die Juden von dort zur Exekutionsstätte brachten, die Polizeikräfte zur Absperrung dort und vor allem das Erschießungspeloton... Die Exekution, so wie sie sich abspielte, war darum im Wesentlichen das Werk Zenners.*"[110]

Die Nähe zu eigenem Täterwillen, die Zenner bei der Durchführung dieser Exekution hatte, berücksichtigt das Gericht besonders strafverschärfend. Zwar konnte dem Angeklagten kein eigener Täterwillen nachgewiesen werden, dennoch hielt es das Gericht für erwiesen, dass er, aus seiner überzeugten Haltung und inneren Einstellung zum Nationalsozialismus heraus, die Massenexekution der Juden bewusst hat durchführen lassen. Bestätigt wird diese Annahme dadurch, dass Zenner seinen gehobenen Posten hätte ausnutzen können, um sich der Durchführung der Massenerschießungen zu entziehen, was er allerdings nicht getan hat. Das Gericht konnte bei dem Angeklagten auch keine Reue gegenüber seinen Taten erkennen. Obwohl das Gericht bei Zenner teilweise einen eigenen Täterwillen erkannt haben will, dies aber zugunsten des Angeklagten als nicht erwiesen erachtete, wurde Zenner als Gehilfe verurteilt. Haupttäter waren Hitler, Himmler und Heydrich.

Aufgrund der Schwere des Tatbeitrages und unter Berücksichtigung aller oben aufgeführten Gründe erkannte das Gericht auf die höchstzulässige Strafe für Beihilfe zum Mord, nämlich 15 Jahre Zuchthaus.

---

109 Rüter, a. a. O., Bd. XVII, Lfd. Nr. 512, S. 548.
110 Ebd., S. 549.

c) Fall Georg Albert Wilhelm Heuser

Am 21.5.1963 verurteilte das Schwurgericht des LG Koblenz (AZ 9 Ks 2/62)[111] den Angeklagten Georg Albert Wilhelm Heuser wegen 9 Verbrechen der gemeinschaftlichen Beihilfe zum Mord sowie wegen eines Verbrechens der Beihilfe zum Totschlag zu einer Gesamtstrafe von 15 Jahren Zuchthaus.

Der 1913 geborene Heuser studierte nach Ablegen der Reifeprüfung im Jahre 1932 Rechtswissenschaften. 1936 bestand er das erste Staatsexamen und begann den juristischen Vorbereitungsdienst in Berlin. Da er die Berufschancen in der eingeschlagenen Laufbahn für ungünstig hielt, entschied er sich für den Polizeidienst. Am 1.12.1938 trat er als Kriminalkommissaranwärter bei der Kriminalpolizei ein. Am 6.10.1941 wurde er unter Berufung in das Beamtenverhältnis auf Lebenszeit zum Kriminalkommissar ernannt. Der NSDAP gehörte Heuser eigenen Angaben zufolge nicht an. Der SS war er zu Beginn des Krieges beigetreten und bekleidete im Jahre 1941 den Rang eines SS-Obersturmführers. Im September 1941 wurde er zum SK 1b abkommandiert und mit diesem Ende November/ Anfang Dezember 1941 nach Minsk versetzt. Dort entstand aus dem SK 1b unter Hinzunahme anderer Einheiten die stationäre Dienststelle des Kommandeurs der Sicherheitspolizei und des SD (KdS) Weißruthenien, der Heuser bis Ende Juni 1944 angehörte. An den Aufgaben" der Einsatzgruppen änderte sich durch die Umwandlung in eine stationäre Dienststelle nichts. Heuser bekleidete in der Dienststelle eine führende Position. Nachdem die Dienstelle Mitte Mai 1942 nach dem Muster des RSHA organisiert und gegliedert worden war, wurde Heuser der Leiter der Abteilung IV Gestapo, die unter anderem für „Judenangelegenheiten" zuständig war. Er wirkte im Rahmen seiner Tätigkeit für die Dienststelle KdS Weißruthenien an mehreren Massenexekutionen mit, bei denen mindestens 11.100 Menschen getötet wurden. Er erschoss dabei eigenhändig eine Vielzahl von Menschen. Außerdem war er bei Räumkommandos im Minsker Ghetto eingesetzt und bei der Absperrung der Exekutionsstätten. Es ist zu erkennen, dass Heuser sehr aktiv bei der Ermordung der Juden mitgewirkt hat.

In der rechtlichen Würdigung kommt das Gericht zu dem Ergebnis, dass die Haupttäter Hitler, Himmler und Heydrich für die Vernichtung der Juden verantwortlich waren. Der Vernichtungsfeldzug der Einsatzgruppen gegen die jüdische Bevölkerung ginge auf einen Befehl Hitlers und seiner engsten Umgebung zurück und diese handelten dabei als mittelbare Täter, da sie selbst nicht an den Tötungen teilnahmen. Dabei handelte es sich um Mord, denn die Tatbestandsmerkmale des

---

111 Abgedruckt bei Rüter, a. a. O., Bd. XIX, Lfd. Nr. 552, S. 163 ff.

§ 211 sind eindeutig erfüllt. Die Massentötungen wurden aus niedrigen Beweggründen begangen und waren überdies besonders grausam.

Die Tötung der Juden war rechtswidrig, wobei es nach Auffassung des Gerichts keine Rolle spielte, dass sie auf einen „Führerbefehl" erfolgte, dem viele zur Tatzeit Gesetzeskraft zuschrieben. *„Denn Anordnungen, die die Gerechtigkeit nicht einmal anstreben, den Gedanken der Gleichheit aller bewußt verleugnen und die sämtlichen Kulturvölkern gemeinsame Rechtsüberzeugung von Wert und Würde der menschlichen Persönlichkeit gröblich mißachten schaffen kein Recht."*[112] Für den rechtswidrigen „Führerbefehl" fehlten auch jegliche Rechtfertigungsgründe, wie z. B. Staatsnotwehr oder Staatsnotstand. *„Die Juden wurden nicht etwa getötet, um eine von ihnen für den Bestand des Deutschen Reiches drohende Gefahr abzuwenden. Zu keinem Zeitpunkt bestand Anlaß für eine solche Befürchtung; niemand in Deutschland erachtete sie für gegeben."*[113] Die Haupttäter seien sich der Rechtswidrigkeit ihres Tuns bewusst gewesen, was schon die strenge Geheimhaltung von Planung und Durchführung der Judenvernichtung, die zur „Geheimen Reichssache" erklärt worden war, bezeugt.

Heuser wusste um die Grausamkeit und niedrigen Beweggründe seiner Handlungen und um die Tatsache, dass die Juden allein aus rassischen Gründen getötet wurden. Ebenso im Klaren war er sich über die Rechtswidrigkeit der Morde an den Juden, was er selber zugegeben hat. Somit konnte der Strafausschließungsgrund des § 47 MStGB, der in der vorliegenden Arbeit schon mehrfach ausgeführt worden ist und deshalb hier nur kurz angesprochen wird, nach Ansicht des Gerichts für ihn nicht geltend gemacht werden.

Auf Ausschluss des Verschuldens durch Nötigungsstand (§ 52 StGB a. F.) oder Notstand (§ 54 StGB a. F.) hat sich der Angeklagte nicht berufen, und das Gericht sah auch keinerlei Anhaltspunkte für ein Handeln Heusers um eine bestehende Gefahr für sein Leben abzuwenden, bzw. dafür, dass er zu seinen Taten genötigt wurde.

Nachdem das Gericht also eventuell vorliegende Schuldausschließungsgründe geprüft hatte, wandte es sich der entscheidenden Frage zu, ob bei Heusers Taten Beihilfe oder Mittäterschaft vorlag. Das Gericht folgte dabei der subjektiven Teilnahmelehre, nach der im Vordergrund der Betrachtung die Willensrichtung des an der Tat Beteiligten stehen müsse. Hierauf wird im folgenden Kapitel noch detaillierter einzugehen sein. Das Gericht kam dabei Heuser betreffend zu dem Ergebnis, dass er seine Taten nicht aus eigenem Antrieb und nicht aus freien Stü-

---

112 Rüter, a. a. O., Bd. XIX, Lfd. Nr. 552, S. 274.
113 Ebd., S. 274 f.

cken begangen habe. Er habe keinerlei Äußerungen gemacht oder Handlungen erkennen lassen, die eine Gesinnung offenbart hätten, die ein eigenes Interesse an der Tat oder den Willen zur Tatherrschaft bekundet hätten. Nachdem das Gericht festgestellt hatte, dass Heuser die Morde an den Juden nicht als eigene Taten gewollt habe, prüfte es die Frage nach der Tatherrschaft. Obwohl bei ihm, bedingt durch seine Führungsposition in der Abteilung IV-Gestapo, die Annahme nahelag, dass er im Besitz der Tatherrschaft war, kam das Gericht zu dem Ergebnis, dass dies nicht der Fall gewesen sei. Vielmehr habe er lediglich die Planungen des RSHA in die Tat umgesetzt und dabei einen vorgegebenen Rahmenbefehl befolgt, der keinen Raum für Einflussnahme und Eigeninitiative gelassen habe. Es konnte dem Angeklagten keine aktive Beteiligung an der Planung und Organisation der Massentötungen von Juden nachgewiesen werden und so kam das Gericht zu dem Schluss, dass Heuser als Gehilfe und nicht als Täter zu verurteilen sei. In der Strafzumessung wertete das Gericht Heusers häufige Teilnahme und äußerst aktive Mitwirkung an Massenexekutionen als strafverschärfend. Weiterhin hätte sich der Angeklagte aufgrund seiner gehobenen Stellung – ohne für ihn entstehende Nachteile – dem Henkersamt entziehen können, wenn er nur gewollt hätte. Das Gericht hielt aus den oben angeführten Gründen eine Zuchthausstrafen von 15 Jahren für angemessen.

3.3.3 Kategorie der Verurteilungen wegen Beihilfe zum Mord mit mittlerer Strafzumessung

a) Fall Dr.rer.pol. Otto Bradfisch

Am 21.7.1961 verurteilte das Schwurgericht des LG München I (AZ 22 Ks 1/61)[114] den Angeklagten Dr. Otto Bradfisch wegen eines in Mittäterschaft begangenen Verbrechens der Beihilfe zum gemeinschaftlichen Mord in 15.000 Fällen zu 10 Jahren Zuchthaus.

Der 1903 geborene Bradfisch studierte nach Ablegung der Reifeprüfung im Jahre 1922 zunächst Volkswirtschaft. 1926 promovierte er zum Dr.rer.pol. Danach begann er ein Studium der Rechtswissenschaften und legte 1932 die 1. juristische Staatsprüfung ab. 1935 bestand er nach dem vorgeschriebenen Vorbereitungsdienst die 2. juristische Staatsprüfung. Auf sein Gesuch hin wurde er am 15.3.1937 in den polizeilichen Dienst bei der Gestapo übernommen.

Bradfisch, bereits seit 1931 Mitglied der NSDAP und seit 1938 in der SS, übernahm als SS-Obersturmbannführer von Juni 1941 bis April 1942 die Führung

---

114 Abgedruckt bei Rüter, a. a. O., Bd. XVII, Lfd. Nr. 519, S. 657 ff.

des Einsatzkommandos, wobei ihm von Beginn an die verbrecherische Aufgabe der Einsatzgruppen, nämlich die Ausrottung aller „potentiellen Gegner" – vor allem der Juden – in Russland, bekannt war. Bradfischs Werdegang verdeutlicht, dass er überzeugter Nationalsozialist gewesen ist. Das Gericht sieht Bradfischs Beteiligung an den Massenverbrechen darin, dass er Befehle an die Angehörigen seines Einsatzkommandos weitergegeben hat, selbst Erschießungsaktionen angeordnet und deren Durchführung überwacht hat. In mindestens 2 Fällen hat der Angeklagte eigenhändig bei Exekutionen mitgeschossen. Seine Untergebenen hielt Bradfisch zur bedingungslosen Befolgung der gegebenen Anordnungen an.

Bei der Charakterisierung der inneren Einstellung Bradfischs zu den von ihm begangenen Taten führt das Gericht aus, daß er seine unbedingte Bejahung des damaligen Staates und der Maßnahmen seiner Führung vor allem dadurch bekundet habe, „daß er bis zum Frühjahr 1941 und ab April 1942 erneut eine leitende Stellung bei der Geheimen Staatspolizei bekleidete, einer Einrichtung, die maßgeblichen Anteil an der Aufrechterhaltung der nationalsozialistischen Gewaltherrschaft hatte."[115] Weiterhin habe er die ihm erteilten Befehle und Weisungen zur Judenvernichtung ohne erkennbares Widerstreben ausgeführt. „In dem Bestreben, bei seinen... Vorgesetzten nicht unangenehm aufzufallen und seine Laufbahn als Beamter in keiner Weise zu gefährden, hat er keine ernsthaften Versuche unternommen, sich den ihm übertragenen Aufgaben zu entziehen oder die erteilten Anordnungen in ihren Auswirkungen abzuschwächen."[116]

Obige Ausführungen lassen auf eine sehr aktive Rolle des Kommandoführer Bradfisch bei den Morden an den Juden erkennen. Wie und ob überhaupt das Gericht diese Fakten in der rechtlichen Würdigung berücksichtigte, werden folgende Ausführungen zeigen.

Das Gericht kommt in der rechtlichen Würdigung zu dem Ergebnis, dass als Haupttäter Hitler, Himmler und Heydrich anzusehen sind, die als die nationalsozialistischen Gewalthaber die Tötungshandlungen bis in die Einzelheiten ihrer Durchführung geplant und vorbereitet und die volle Tatherrschaft hatten.

> „Zur Durchführung ihres gemeinsam entwickelten Mordplanes bedienten sie sich einer eigens hierfür geschaffenen Organisation, deren Angehörige in einem militärähnlichen Gehorsamsverhältnis standen und befehlsgemäß in der gewünschten Richtung tätig wurden, ohne jedoch selbst mit Täterwillen zu handeln."[117]

---

115 Rüter, a. a. O., Bd. XVII, Lfd. Nr. 519, S. 679.
116 Ebd., S. 680.
117 Rüter, a. a. O., Bd. XVII, Lfd. Nr. 519, S. 700.

Mörder waren nach Ansicht des Gerichts Hitler, Himmler und Heydrich. Nach Meinung des Gerichts hat der Angeklagte zur Durchführung der von den Haupttätern angeordneten Vernichtungsmaßnahmen mit seiner Beteiligung an den Massentötungen Hilfe geleistet, nicht aber mit Täterwillen gehandelt. In aller Regel liege es im Wesen des Handelns auf Befehl, *„daß der Untergebene nicht aus eigenem Willen zur Tat schreitet, sondern nur in Erfüllung einer Pflicht, wenn auch unter Verkennung ihrer Grenzen, tätig werden will.“*[118] Dies gelte auch dann, wenn der Untergebene den äußeren Tatbestand der ihm anbefohlenen strafbaren Handlung verwirklicht hat. Kennzeichnend für diese Verbrechen sei es, dass die verantwortlichen NS-Gewalthaber sie von ihren Untergebenen *„...wie durch Werkzeuge [ausführen ließen] und die Einstellung der Untergebenen zu diesen Taten nicht als ‚Täterwille‘ zu beurteilen ist...“*[119]

Obwohl das Gericht Bradfisch an anderer Stelle als Anhänger des nationalsozialistischen Gewaltregimes bezeichnete und feststellte, dass er seine Taten ohne Widerstreben beging, konnte es keinerlei Umstände erkennen, aus denen auf eine Willensrichtung geschlossen werden könnte, *„die über den Gehilfenwillen, den Willen zur befehlsmäßigen Unterstützung fremder Taten, hinausgehen würde... Es fehlt auch an Anhaltspunkten für eigene feindselige Einstellung oder Äußerungen zur Judenfrage.“*[120]

Dies genügte dem Gericht, Bradfisch als Gehilfen und nicht als Täter zu verurteilen.

In der Strafzumessung führt das Urteil zugunsten des Angeklagten an, dass er bis zu seinem Einsatz als Kommandoführer straffrei gelebt habe und ohne sein Zutun zur Einsatzgruppe B versetzt worden sei. Weiterhin strafmildernd berücksichtigte das Gericht, dass Bradfisch *„...den Vernichtungsbefehl vor allem auch deshalb befolgt haben mag, weil er den damaligen Staat aus voller Überzeugung bejahte...“*[121]

Dem stehen strafverschärfend die hohe Zahl der getöteten Menschen, sein Verhalten als strenger Vorgesetzter und die eigenhändige Beteiligung an Erschießungen gegenüber. Nach Abwägung aller strafmildernden und strafverschärfenden Umstände hielt das Gericht eine Zuchthausstrafe von 10 Jahren für angemessen.

---

118 Ebd., S. 705.
119 Ebd., S. 705.
120 Ebd., S. 705.
121 Rüter, a. a. O., Bd. XVII, Lfd. Nr. 519, S. 706.

b) Fall Werner Schönemann

Am 12.5.1964 verurteilte das Schwurgericht des LG Köln (AZ 24 Ks 1/63)[122] den Angeklagten Werner Schönemann wegen gemeinschaftlicher Beihilfe zum Mord in 12 Fällen an mindestens 2170 Menschen zu einer Gesamtstrafe von 6 Jahren Zuchthaus.

Der 1911 geborene Schönemann studierte nach Ablegung der Reifeprüfung im Jahre 1930 Volkswirtschaft mit dem Abschluss des Diplom-Volkswirtes. 1935 schlug er die Kommissarlaufbahn ein. Bereits seit 1933 war Schönemann Angehöriger der SA und trat 1936 der SS bei. Mitglied der NSDAP wurde er im Jahre 1940.

Nach dem Überfall auf die UDSSR übernahm Schönemann als Obersturmführer die Führung eines Teilkommandos des zur Einsatzgruppe B gehörenden Einsatzkommandos 8. Noch während seines vom Juli bis Ende September 1941 dauernden Einsatzes wurde Schönemann zum Hauptsturmführer befördert. Während seines Einsatzes in Russland hat er die ihm zur Last gelegten Taten begangen.

Aus seiner Position als Teilkommandoführer ergibt sich, dass er leitende und anordnende Funktionen bei den Massenerschießungen hatte. Er war im Bereich des Teilkommandos der oberste Befehlsgeber. Außerdem ließ er mehrfach ein Gefängnis „räumen" und die inhaftierten Juden und kommunistischen Funktionäre erschießen und befahl, ein aus 50 jüdischen Ghettobewohnern bestehendes Arbeitskommando zu töten.

In der rechtlichen Würdigung kommt das Gericht zu dem Ergebnis, dass die Hauptverantwortlichen für die Massenverbrechen an den Juden Hitler, Himmler, Göring, Goebbels und Heydrich waren. Sie ließen ihren Vernichtungsplan „... unter Einschaltung des Reichssicherheitshauptamtes organisatorisch und technisch gründlich vorbereiten und durch die Einsatzgruppen verwirklichen."[123] Sie waren nach Ansicht des Gerichts die mit Überlegung und grausam handelnden mittelbaren Täter und somit Mörder. Was den Tatbeitrag Schönemanns betrifft, so kommt das Gericht „...nach Würdigung des Gesamtbildes der Tatumstände und der Persönlichkeit des Angeklagten..." zu der Überzeugung, dass Schönemann „... durch sein Tun die Durchführung der Vernichtungspläne der Haupttäter nur als Gehilfe... gefördert und nicht als Mittäter an ihrer Verwirklichung teilgenommen" hat.[124] Allerdings gestand das Gericht zu, dass einige Hinweise auf eine Täterschaft des

---

122 Abgedruckt bei Rüter, a. a. O., Bd. XX, Lfd. Nr. 573, S. 163 ff.
123 Rüter, a. a. O., Bd. XX, Lfd. Nr. 573, S. 180.
124 Ebd., S. 180.

Angeklagten bestanden. So hat er teilweise eigenhändig bei den Exekutionen mitgeschossen und „... *in seinem Dienstbereich dafür gesorgt, daß die Vernichtungsbefehle vollzogen wurden, was als Anzeichen für seinen Täterwillen gedeutet werden könnte.*"[125] Für überwiegender erachtete das Gericht allerdings die Anhaltspunkte dafür, „...*daß der Angeklagte seiner inneren Einstellung zur Tat nach nur als Werkzeug und Hilfsperson bei fremder Tat mitgewirkt, und er die verbrecherischen Ziele der Haupttäter nicht zur Grundlage eigener Überzeugung und eigenen Handelns gemacht hat, er vielmehr den Verbrechensbefehlen widerstrebt, sie aber gleichwohl aus menschlicher Schwäche ausgeführt hat.*"[126]

Diese Anhaltspunkte erkannte das Gericht z. B. in den Versuchen des Angeklagten, aus der Sicherheitspolizei entlassen zu werden.[127]

Ein Selbstmordversuch Schönemanns nach dem Krieg wird auch als Hinweis auf sein inneres Widerstreben gedeutet, obwohl dieser vom Gericht hergestellte Zusammenhang doch künstlich konstruiert erscheint.

Das Gericht erkannte bei Schönemanns Taten auch keinen besonderen Eifer, und er habe nicht mehr getan, „...*als er nach den ihm gegebenen Befehlen hätte tun müssen...*"[128] Dabei lässt das Gericht unberücksichtigt, dass Schönemann, als Befehlshaber für sein Teilkommando, für die jeweilige Ausformung und Durchführung des Rahmenbefehls verantwortlich war, also die selbständige Entscheidungsgewalt innerhalb des Rahmenbefehls hatte.[129]

Das Gericht blieb dabei, Schönemann als Gehilfen und nicht als Täter zu verurteilen.

---

125 Ebd., S. 181.

126 Ebd., S. 181.

127 Den ersten Entlassungsantrag stellte Schönemann 1938 und den zweiten 1942 nach Beendigung seiner Tätigkeit in der Einsatzgruppe. Meines Erachtens lässt sich daraus keine Schlussfolgerung auf seine innere Haltung bezüglich der Taten von 1941 ableiten. Im Urteil sind auch keine Motive für das Entlassungsgesuch aufgeführt. Das Gericht lässt außerdem unberücksichtigt, dass Schönemann nach seinem ersten Entlassungsgesuch aufgrund eines erfolgreich bestandenen Auswahllehrgangs zum leitenden Dienst und zum Studium der Rechtwissenschaft auf Kosten des RSHA zugelassen wurde. Das behauptete Widerstreben dürfte folglich reine Spekulation sein.

128 Rüter, a. a. O., Bd. XX, Lfd. Nr. 573, S. 181.

129 Immanent aus dem im Urteil festgestellten Sachverhalt ergibt sich außerdem, dass Schönemann mehrfach besonderen Eifer gezeigt hat. So wendete er sich in einem Fall an die Wehrmacht um Unterstützung, da die Kräfte des Teilkommandos nicht ausreichten. Außerdem schoss er mehrfach eigenhändig bei den Exekutionen mit, was in seiner Position nicht notwendig gewesen wäre.

Die Entschuldigungsgründe des Notstands bzw. Nötigungsstands (§§ 52, 54 StGB a. F.) und des § 47 MStGB, die schon mehrfach erläutert wurden, lässt das Gericht aus den in den vorherigen Beispielen aufgeführten Gründen nicht gelten. Ergänzend dazu wird vorgebracht: *„Soweit der Angeklagte in der Vorstellung gehandelt hat, der Befehlsgehorsam rechtfertige auch rechtswidrige Handlungen, irrte er über die Grenzen der Verbindlichkeit eines Befehls... Solcher Irrtum ist Verbotsirrtum (BGH St. 3, 271).“*[130] Der Angeklagte handelte also aus einem Verbotsirrtum heraus, der allerdings verschuldet war. *„Bei gehöriger Anspannung seines Gewissens hätte der Angeklagte erkennen können, daß solch großes Unrecht nicht durch einen Befehl gerechtfertigt werden kann.“*[131]

Bei der Strafzumessung wertete das Gericht die Vielzahl der getöteten unschuldigen Menschen strafschärfend. Dem gegenüber hielt es dem Angeklagten zugute, dass er *„...in jungen Jahren... der massiven Propaganda des NS-Regimes ausgesetzt“* war.[132] Daraus ergab sich nach Auffassung des Gerichts eine „Befehlsgläubigkeit“, der Glaube an die Verbindlichkeit der Befehle Hitlers, die der Angeklagte nicht zu verantworten habe. Zugunsten Schönemanns müsse weiter entscheidend berücksichtigt werden, *„daß die Verbrechensantriebe nicht von ihm als dem Befehlsempfänger, sondern von den damaligen Trägern der Staatsmacht... ausgingen. Wäre der Angeklagte damals nicht mit den Verbrechensbefehlen konfrontiert worden, so hätte er sicher ein unauffälliges... Leben geführt, ohne jemals straffällig zu werden.“*[133] Schönemann wurde auch positiv zugerechnet, dass er, obwohl Führer eines selbständig operierenden Teilkommandos, in der Befehlshierarchie an unterer Stelle stand. Strafmildernde Wirkung messen die Richter auch verschiedenen anderen Umständen bei. So habe sich Schönemann während der langandauernden Hauptverhandlung *„stets korrekt verhalten“*[134] das Verfahren bewege sich am Rande der Verjährung, das Sühnebedürfnis sei gemindert, nach Überwindung des Ungeistes der Hitler-Diktatur sei dem Abschreckungsgedanken geringeres Gewicht beizumessen. Wegen der *„zahlreichen Milderungsgründe in der Person des Angeklagten“*[135] hielt das Gericht eine Gesamtstrafe von nur 6 Jahren Zuchthaus für angemessen.

---

130 S. 182 des Urteils.
131 Rüter, a. a. O., Bd. XX, Lfd. Nr. 573, S. 182.
132 Ebd., S. 182.
133 Ebd., S. 183.
134 Ebd., S. 183.
135 Ebd., S. 182.

c) Fall Robert Mohr

Am 30.12.1965 verurteilte das Schwurgericht des LG Wuppertal (AZ 12 Ks 1/62)[136] den Angeklagten Robert Mohr wegen Beihilfe zum Mord zu 8 Jahren Zuchthaus. Der 1909 geborene Mohr studierte nach seinem Abitur im Jahre 1930 Rechts- und Staatswissenschaften. Im Sommer 1933 trat er in die NSDAP und die SS ein. Nachdem er seine Absicht, Rechtsanwalt zu werden, aufgegeben hatte, wurde er 1938 für das Reichsministerium des Inneren in Berlin tätig. Er war dort im weitesten Sinne mit Aufgaben, die mit der Sicherheitspolizei zu tun hatten, betreut. Nach Bildung des RSHA 1939 trat er in dieses über. Er war schon beim Überfall auf Polen dort für die Sicherheitspolizei tätig. Im September oder Anfang Oktober 1941 wurde er im Range eines SS-Sturmbannführers nach Russland abkommandiert. Er übernahm dort von November 1941 bis Mitte September 1942 die Leitung des Einsatzkommandos 6 der Einsatzgruppe C. Bereits kurz nach seiner Abkommandierung nach Russland erfuhr er von dem verbrecherischen Mordbefehl der Einsatzgruppen und war sich über die Unrechtmäßigkeit dieses Befehls im Klaren. Mohr war als Führer des EK 6 maßgeblich an der Tötung von Juden, kommunistischen Funktionären und geistig Behinderten beteiligt. Die Exekutionen wurden von ihm oder seinem ihm ernannten Stellvertreter angeordnet. Mehrfach war Mohr bei den Tötungshandlungen zugegen. Das Gericht hielt es nach der Beweisaufnahme für erwiesen, dass Mohr den Dienstbetrieb des Einsatzkommandos bewusst so eingerichtet hat, „...*daß die Tötungsbefehle in vollem Umfang vollzogen wurden.*"[137] Die Tatsache, dass Mohr einen Stellvertreter für sich einsetzte, der auch tatsächlich häufig die anordnende und leitende Funktion des Angeklagten übernahm und dabei skrupellos die Massentötungen durchführte, änderte nichts an der absoluten Befehlsgewalt Mohrs über sein Einsatzkommando. Dazu das Gericht:

„*Heidelberger (Stellvertreter Mohrs, Anm. d. Verf.) konnte nur deshalb so hart die Tötungsbefehle... durchsetzen, weil Mohr ihn mit seiner Autorität als Kommandeur deckte. Heidelberger tat nichts ohne Mohrs entsprechende Anweisung und meldete ihm alle Vorgänge. So unternahm Mohr auch nichts, um ihn in seiner Tätigkeit zu beschränken.*"[138] Mohr tat nicht nur nichts, um die Massenmorde einzuschränken, sondern ließ jeden Kommandoangehörigen zu den Exekutionen heranziehen, um einen „reibungslosen" Ablauf bei der rücksichtslosen Durchsetzung der Tötungsbefehle zu gewährleisten.

---

136 Abgedruckt bei Rüter, a. a. O., Bd. XXII, Lfd. Nr. 606, S. 501 ff.
137 Ebd., S. 514.
138 Rüter, a. a. O., Bd. XXII, Lfd. Nr. 606, S. 514.

Trotz der oben getroffenen Feststellungen wollte das Gericht nicht ausschließen, „*daß Mohr die Tötungen innerlich ablehnte*".[139] Als Beleg für diese Annahme wertete das Gericht einen vergeblichen Versuch Mohrs während eines Heimaturlaubes, seine Ablösung von der Einsatzgruppe herbeizuführen. Bei diesem einen Versuch ist es allerdings laut Beweisaufnahme geblieben, obwohl tatsächlich die Möglichkeit bestanden hat, sich von den Einsatzgruppen abkommandieren zu lassen.[140] Diese Möglichkeit, sich der Ausführung der Mordbefehle zu entziehen, wird an anderer Stelle des Urteils besonders hervorgehoben: „*Diejenigen, die sich seelisch oder körperlich außerstande fühlten, an den Massentötungen teilzunehmen, wurden als ‚zu weich‘ abgelöst, ohne daß ihnen daraus schwerwiegende Nachteile erwuchsen. Ein entsprechender Befehl war zu Beginn des Einsatzes vom RSHA an die Einsatzgruppenführer gegeben worden...*"[141]

Mohr, der sich dem Nationalsozialismus verschrieben hatte, um seine beruflichen Chancen zu verbessern, hatte bei einer eventuellen Versetzung, weg von der Einsatzgruppe, allenfalls einen „Karriereknick" zu befürchten.

Weiterhin sah das Gericht ein Indiz für eine vorhandene innere Ablehnung der Mordtaten in einer bezeugten Äußerung des Angeklagten aus dem Jahre 1942, die sinngemäß lautete, dass Mohr die Handlungen des Kommandos nicht mit seinem Gewissen vereinbaren könne. Diese Äußerung wird meiner Meinung nach zu sehr vom Gericht gewichtet, denn immerhin sagte Mohr dies erst im Jahre 1942, nachdem er bereits Morde an vielen unschuldigen Menschen befohlen hatte. Sein Gewissen belastete ihn ziemlich spät, und wenn der Ruf des Gewissens tatsächlich so stark gewesen wäre, hätte sich der Angeklagte von seiner Führungsposition des EK abberufen lassen können.

Wenngleich das Gericht ausführte, dass Mohr zu keinem Zeitpunkt bereit gewesen sei, die Bindung zum Nationalsozialismus zu lösen oder zu gefährden und „*nie seiner eigenen ablehnenden Haltung gegen die Gewalttaten der Nationalsozialisten nachhaltigen Ausdruck verliehen*" hat[142], kommt es dennoch zu dem Schluss, dass Mohr bei der Begehung seiner Taten nicht in innerer Übereinstimmung mit der obersten nationalsozialistischen Führung gehandelt habe.

In der rechtlichen Würdigung kommt das Gericht demzufolge zu dem Ergebnis, dass als Haupttäter Hitler, Himmler, Heydrich und andere hohe Führer der

---

139 Ebd., S. 515.
140 Dass dies tatsächlich möglich war, belegten schon die Aussagen der Angeklagten im Einsatzgruppenprozess vor dem amerikanischen Militärgerichtshof in Nürnberg. Vgl. dazu Kempner, a. a. O., S. 77.
141 Rüter, a. a. O., Bd. XXII, Lfd. Nr. 606, S. 516.
142 Rüter, a. a. O., Bd. XXII, Lfd. Nr. 606, S. 517.

Nationalsozialisten anzusehen seien. *„Sie haben in gemeinschaftlich abgestimmten Zusammenwirken Juden, politische Funktionäre und Geisteskranke in Rußland getötet, indem sie den vornehmlich zu diesem Zwecke aufgestellten Einsatzgruppen die Tötungen anbefahlen und diese die Befehle vollzogen.“*[143] Mörder waren demzufolge Hitler, Himmler und Heydrich. Den Tatbeitrag Mohrs wertete das Gericht lediglich als Beihilfe zu den von den Haupttätern begangenen Morden. Das Gericht konnte bei Mohr keinerlei Täterwillen feststellen und ist der Auffassung, dass er in billigender Ausführung des Mordbefehls nicht in innerer Übereinstimmung mit selbigem gehandelt habe, sondern lediglich dem Befehl, der für ihn maßgebend gewesen sei, Folge leisten wollte.[144]

Außerdem habe er bei der Ausführung des Befehls zu keinem Zeitpunkt besonderen Eifer gezeigt. Mit dieser kurzen Begründung verurteilte das Gericht den Angeklagten als Gehilfen und nicht als Täter.[145]

Bei der Strafzumessung hielt das Gericht dem Angeklagten strafmildernd zugute, dass er nicht aus eigenem Antrieb zu den Morden Beihilfe geleistet habe, sondern lediglich Befehlen gefolgt sei. *„Zudem hatten jahrelange Hetzpropaganda und staatlich geförderte Gewalttaten in [dem] Angeklagten das natürliche Empfinden für Gerechtigkeit und menschliche Würde möglicherweise beeinträchtigt...“*[146]

Strafverschärfend wurde Mohr zugerechnet, dass er freiwillig der SS und der Gestapo angehörte, Organisationen, von denen er schon vor Kriegsbeginn erkannt hatte, *„daß sie die Hauptstützen der Gewaltherrschaft des Nationalsozialismus waren.*[147] Nach Abwägung aller Umstände hielt das Gericht eine Zuchthausstrafe von 8 Jahren für angemessen.

3.3.4 Die Verurteilungen wegen Beihilfe zum Mord mit geringer Strafzumessung

In dieser Kategorie sollen aus der Vielzahl der ergangenen Urteile – es ist bereits in der statistischen Auswertung von Urteilen gegen Einsatzgruppenverbrecher belegt worden, dass die überwiegende Mehrzahl der Angeklagten wegen Beihilfe verurteilt worden ist und dabei nur sehr geringe Strafen erhielt – lediglich

---

143 Ebd., S. 521.
144 Ebd., S. 521.
145 Die Schuldausschließungsgründe Notstand und Nötigungsstand (§§ 52, 54 StGB a. F.) u. § 47 MStGB konnten vom Angeklagten nicht geltend gemacht werden. Erläuterung und Begründung s. vorherige Beispiele.
146 Rüter, a. a. O., Bd. XXII, Lfd. Nr. 606, S. 523.
147 Ebd., S. 523.

3 Beispielfälle herausgegriffen werden. Nach vergleichenden Studien der übrigen Urteile bilden diese 3 Beispiele dennoch einen repräsentativen Querschnitt und unterscheiden sich in den Hauptargumenten in den Urteilsbegründungen der Gerichte nicht wesentlich von den anderen, nicht aufgeführten Urteilen.

Die Schuldausschließungsgründe des § 47 MStGB und des Befehlsnotstandes (§§ 52, 54 StGB a. F.) werden in den folgenden Beispielen nicht gesondert aufgeführt, da die Gerichte diese durchweg nicht anerkannten. Um Wiederholungen zu vermeiden, wird an dieser Stelle auf die Erläuterungen innerhalb der vorherigen Beispielfälle verwiesen.

a) Fall Bruno Heinrich Schulz

Am 10.5.1961 verurteilte das Schwurgericht des LG Tübingen (AZ Ks 2/61)[148] den Angeklagten Bruno Heinrich Schulz wegen drei Verbrechen der Beihilfe zum gemeinschaftlich begangenen Mord an 394 Menschen zu einer Zuchthausstrafe von 3 Jahren und 6 Monaten.

Der 1903 geborene Schulz, der 1936 in die allgemeine SS und 1937 in die NSDAP eingetreten war, erlernte nach der Schule die Berufe Maschinenbauschlosser und Dreher. Nach einer kurzen Anstellung als Maschinenbauschlosser wurde er aufgrund seiner Bewerbung am 10.11.1923 in den schutzpolizeilichen Dienst aufgenommen. Nach seinem Ausscheiden aus der Schutzpolizei bewarb er sich erneut für den Polizeidienst und ging daraufhin am 1.3.1936 als Kriminalassistent auf Probe zur Gestapo. Als Kriminalsekretär kam er im November 1940 zur Dienststelle in Tilsit. Dort hatte er u. a. die Aufgaben, die Juden zu überwachen und das Vermögen der ausgewanderten Juden zu erfassen. Von der Dienststelle wurde immer wieder ein Einsatzkommando Tilsit zur Ermordung der in dieser Gegend lebenden Juden abgestellt.

Dem Angeklagten konnte die Beteiligung an drei Massenerschießungen nachgewiesen werden, bei denen mindestens 394 Menschen getötet wurden. Schulz war während der Exekutionen unter anderem damit beauftragt, das Exekutionsgelände abzusperren, um Fluchtversuche der Opfer zu verhindern und um Neugierige fernzuhalten. Bei einer anderen Erschießungsaktion bewachte er die Opfer und führte sie zur Erschießungsstelle. Dabei beobachtete er die Morde aus unmittelbarer Nähe. Bei der dritten Exekution, an der der Angeklagte beteiligt war, gehörte er dem Erschießungskommando an und erschoss eigenhändig mindestens drei Menschen.

---

148 Abgedruckt bei Rüter, a. a. O., Bd. XVII, Lfd. Nr. 509, S. 311 ff.

In der Beweisaufnahme kommt das Gericht zu dem Ergebnis, dass Schulz *„nach seinen eigenen Angaben die Juden als einen Fremdkörper im deutschen Volk ansah…"* und *„…zumindest mit den Verfolgungsmaßnahmen, von denen er bis zu Beginn des Rußlandfeldzuges Kenntnis erlangt hatte, einverstanden war."*[149] An anderer Stelle des Urteils wird Schulz zudem als antisemitisch charakterisiert. Das Gericht stellte fest, dass Schulz wusste, dass der „Führerbefehl" zur Ermordung der Juden rechtswidrig war. Er wusste auch, dass die Juden nur deshalb getötet wurden, weil sie Juden waren und dass es keinerlei Rechtfertigung dafür gab.

In der rechtlichen Würdigung kommt das Gericht zu dem Ergebnis, daß als Haupttäter der Morde an den Juden Hitler, Himmler und Heydrich anzusehen seien. Ihnen wurde die volle Taterrschaft zugerechnet. *„In ihrer Hand lag die Macht, die Macht, die sie zum Bösen mißbrauchten. Sie waren"*, nach Ansicht des Gerichts, *„die Herren über Leben und Tod der in ihren Machtbereich gelangten Menschen, sie bestimmten mit den Kreis ihrer Opfer und schufen den Apparat zu deren Vernichtung."*[150] Sie bedienten sich dabei ihrer Untergebenen *„als sog. dolose Werkzeuge."*[151] Da sie dabei aus niedrigen Beweggründen, rechtswidrig und grausam handelten, waren sie als Mörder anzusehen.

Den Tatbeitrag des Angeklagten wertete das Gericht lediglich als Beihilfe. Obwohl Schulz den äußeren Tatbestand des Mordes erfüllt hatte, folgten die Richter der subjektiven Teilnahmetheorie des BGH und führten dazu aus: *„Entscheidend ist vielmehr die innere Einstellung des Beteiligten zur Tat. Täter ist nur derjenige, der die Tat auch als „eigene gewollt" hat, wobei jedoch die innere Einstellung vom Gericht nach den gesamten Umständen wertend zu ermitteln ist."*[152] Obwohl Schulz, der als antisemitisch und die Juden als „Fremdkörper" betrachtend beschrieben worden ist, eigenhändig Menschen tötete, was als Indiz für eine vorliegende Täterschaft gedeutet werden konnte, trat dies nach Auffassung des Gerichts gegenüber anderen Umständen in den Hintergrund. Vielmehr sah das Gericht keinerlei Anzeichen, dass er die Taten als eigene gewollt habe. Er habe durch seine Taten nur einen ihm erteilten Befehl ausführen wollen. Er wurde vom Gericht als kleines Rädchen im Getriebe einer *„diabolischen Vernichtungsmaschinerie"*[153] bezeichnet, der, wenn er die ihm erteilten Befehle nicht ausgeführt hätte, von jemand anderen ersetzt

---

149 Rüter, a. a. O., Bd. XVII, Lfd. Nr. 509, S. 338.
150 Ebd., S. 390.
151 Ebd., S. 390.
152 Ebd., S. 391. Vgl. auch BGHSt. 8, 390 ff.
153 Rüter, a. a. O., Bd. XVII, Lfd. Nr. 509, S. 391.

worden wäre.[154] Schulz habe die Haupttat durch sein Handeln lediglich unter-stützt und wurde deshalb vom Gericht nur als Gehilfe verurteilt.

In der Strafzumessung wurde die *„überaus rohe und brutale Durchführung der Massenerschießung"*[155] strafverschärfend berücksichtigt. Demgegenüber führte das Gericht eine Reihe von Strafmilderungsgründen auf. So sei Schulz durch seine Zugehörigkeit zur SS in besonders großer Gefahr gewesen, schuldig zu werden.

Die ständige Propaganda in dieser Organisation habe dazu geführt, dass ihre Angehörigen blind ihrem „Führer" gefolgt seien. *„Es trat bei vielen von ihnen eine erheblich stärkere Einschläferung des Gewissens ein, als bei der großen Zahl der anderen Deutschen...*"[156] Das Gericht ließ dabei unberücksichtigt, dass viele Angehörige der SS oder der NSDAP diese Organisationen nutzten, um ihre eigene berufliche Karriere voranzutreiben und dies im vollen Bewusstsein, dass sie dafür strafbare Handlungen begehen mussten.

Strafmildernd wurde dem Angeklagten weiterhin zugutegehalten, dass er als SS-Mann in unterer Dienststellung, nicht aus eigener Initiative tätig geworden sei. Sogar eine Internierungshaft von Juni 1945 bis August 1947 aufgrund seiner Zugehörigkeit zur Gestapo wurde ihm strafmildernd angerechnet. Nach Abwä-gung aller strafverschärfenden und strafmildernden Umstände hielt das Gericht eine Zuchthausstrafe von nur 3 Jahren und 6 Monaten für angemessen.

b) Fall Wilhelm Döring

Am 19.2.1964 verurteilte das Schwurgericht des LG Bonn (AZ 8 Ks 2/62)[157] den Angeklagten Wilhelm Döring wegen Beihilfe zum Mord zu einer Zuchthausstrafe von 4 Jahren.

Der 1917 geborene Döring trat nach seinem Abitur 1936 freiwillig in die Wehrmacht ein. Während dieser Zeit meldete er sich als Anwärter für die kri-minalpolizeiliche Laufbahn bei der Kriminalpolizeistelle in Gleiwitz. Er wurde angenommen und schloss seine Ausbildung schließlich mit der Ernennung zum Kriminalkommissar am 18. März 1941 ab. Anfang Juni wurde der Angeklagte nach Düben abkommandiert, wo die Einsatzgruppen aufgestellt wurden. Im No-vember 1941 bis April 1943 übernahm er die Führung des Einsatztrupps 5 bei dem Einsatzkommando 8, zu dem 2 Kriminalbeamte, 2 Angehörige der Gestapo,

---

154 Ebd., S. 391.
155 Ebd., S. 400.
156 Ebd., S. 399.
157 Abgedruckt bei Rüter, a. a. O., Bd. XIX, Lfd. Nr. 564, S. 703 ff.

1 Angehöriger des SD, 3 Kraftfahrer, 7 Angehörige der Waffen-SS und ein Dolmetscher im Range eines SS-Untersturmführers gehörten.

Im Jahre 1933 ist Döring dem NS-Schülerbund beigetreten, der bald darauf in die Hitlerjugend überging. Mit 16 Jahren trat er in den „Grenzschutz" ein, einer illegalen, von der Reichswehr geleiteten Formation zum Schutze gegen etwaige polnische Übergriffe. Mit der Überführung des „Grenzschutzes" in die SA im Jahre 1933 wurde der Angeklagte übernommen und zum SA-Oberscharführer befördert. 1939 trat Döring der NSDAP bei und nach Abschluss seines Kommissarlehrgangs im selben Jahre der SS. Sein Dienstrang in der SS war der eines SS-Untersturmführers.

Der Angeklagte wird vom Gericht als Anhänger des Nationalsozialismus charakterisiert, der durch intensive nationalsozialistische Propaganda und Schulung während seiner Ausbildung zum Kriminalkommissar zu blindem Gehorsam erzogen wurde. Für ihn sei ein „Führerbefehl" verbindlich gewesen und seine von ihm bekundete Ablehnung gegenüber dem Erschießungsbefehl habe daran nichts geändert. Der Angeklagte hielt sich „...*aus dem ihm anerzogenen Gehorsam und der Ergebenheit gegenüber der damaligen Staatsführung für verpflichtet, die befohlenen Erschießungen der Juden durchzuführen...*"[158]

Das Gericht konnte dem Angeklagten die Beteiligung an Erschießungen von Juden, Partisanen und geistig behinderten Kindern nachweisen. Bei den Partisanenerschießungen konnte bewiesen werden, dass der Angeklagte eigenhändig mitgeschossen hat. Seiner eigenen Einlassung zufolge hat Döring bei den Exekutionen der Juden Nachschüsse auf noch lebende Opfer der Exekutionskommandos abgegeben.[159] Der Angeklagte hatte über seinen Einsatztrupp die absolute Befehlsgewalt und nutzte diese auch, um Exekutionen durchführen zu lassen, die nicht ausdrücklich von einem seiner Vorgesetzten angeordnet worden waren. So spürte sein Trupp auf der Suche nach Partisanen in einem Dorf einige Juden auf und Döring ordnete deren Erschießung an. Das Gericht beurteilte diesen Sachverhalt folgendermaßen: „*Das Vorhandensein der Juden in diesem Ort war seinen vorgesetzten Dienstbehörden nicht bekannt und ihre Exekution daher auch nicht ihm eigens befohlen. Er hätte daher die Verfolgung der Partisanen weiter durchführen können, die Entscheidung über das Schicksal der aufgegriffenen Juden zurückstellen und sie schließlich stillschweigend unterlassen können.*"[160]

---

158 Ebd., S. 715.
159 Vgl. Rüter, a. a. O., Bd. XIX, Lfd. Nr. 564, S. 720.
160 Ebd., S. 721.

In der rechtlichen Würdigung kommt das Gericht zu dem Ergebnis, dass als Haupttäter der Judenmorde Hitler, Himmler, Heydrich und deren gleichgesinnte Mitarbeiter anzusehen seien. *„Sie beschlossen als Taturheber die >Sonderbehandlung< der >potentiellen Gegner < und ordneten sie bis in die Einzelheiten der Durchführung planend an. Sie bestimmten die Art und Weise der Tatausführung, indem sie einen Vernichtungsplan für die > Endlösung der Judenfrage < aufstellten, durch den sie aus politischem Rassenwahn Millionen unschuldiger Menschen unter Einschaltung des Reichssicherheitshauptamtes durch die Einsatzgruppen, die Einsatzkommandos und die Angehörigen der Vernichtungslager umbringen ließen."*[161] Da sie dabei überlegt, grausam und aus niedrigen Beweggründen handelten, waren sie nach Ansicht des Gerichts als Mörder verantwortlich zu machen.

Den Tatbeitrag des Angeklagten Döring wertete das Gericht lediglich als Beihilfe zur Mordtat der Haupttäter. *„Er hat die Tat der Haupttäter lediglich gefördert und sie nicht als eigene Tat zur Ausrottung der Juden ausgeführt."*[162] Die Richter gaben allerdings zu, dass Döring infolge der eigenen Tatherrschaft die Merkmale des Mordtatbestandes verwirklicht habe. Um ihn aber dennoch als Gehilfen und nicht als Täter verurteilen zu können, führte das Gericht im Sinne der subjektiven Teilnahmelehre aus, dass sein Wille nicht darauf gerichtet gewesen sei, als Täter zu handeln. *„Er befahl die Erschießung der Juden nicht deshalb, weil er sich das Vorhaben der Taturheber zu eigen machte, sondern allein deshalb, weil er aus seiner Einstellung zu Befehl und Gehorsam die fremde Tat befehlsgemäß unterstützen wollte."*[163] Die Tatsache, dass Döring in dem einen beschriebenen Fall über die befehlsmäßige Ausführung hinausging, indem er nämlich die Erschießung von Juden anordnete, ohne zuvor einen konkreten Befehl erhalten zu haben, genügte dem Gericht nicht, bei Döring einen Willen festzustellen, der über die bloße Förderung der Haupttat hinausging.

In der Strafzumessung berücksichtigte das Gericht *„...zu Gunsten des Angeklagten, daß er zur Tatzeit erst 24 Jahre alt und seine Persönlichkeit unter dem unheilvollen Einfluß des nationalsozialistischen Ideengutes nicht soweit gefestigt war, um in der verantwortungsschweren Situation... bestehen zu können."*[164] Strafmildernd berücksichtigte das Gericht auch, dass durch die nationalsozialistische Propaganda Dörings Kritikfähigkeit gegenüber den verbrecherischen Zielen der nationalsozialistischen Führung gesunken und er vielmehr hierdurch zu unbedingtem Gehorsam erzogen worden sei, *„so daß er schließlich nicht mehr den*

---

161 Ebd., S. 722.
162 Rüter, a. a. O., Bd. XIX, Lfd. Nr. 564, S. 723.
163 Ebd., S. 723.
164 Ebd., S. 726.

nötigen Abstand und die erforderliche Ablehnung gegenüber dem Mißbrauch der Macht durch Hitler gewann. "[165]

Dass Döring sich nicht freiwillig zu der Einsatzgruppe gemeldet hatte, wird vom Gericht ebenso strafmildernd gewertet, wie der Umstand, dass er vor und nach Begehung seiner Taten ein straffreies Leben geführt hat. Bei der Durchführung der Exekutionen habe er darauf hingewirkt, die Opfer nicht unnötig leiden zu lassen.

> „Straferschwerend, führte das Gericht aus, *wiegt demgegenüber aber die Schwere und das große Maß der Rechtsverletzung, durch die unter seiner Verantwortung wenigstens 187 unschuldige Menschen den Tod gefunden haben.* "[166]

Nach Auffassung des Gerichts sei durch die seit der Tat vergangene Zeit das Sühnebedürfnis für das Geschehen gemindert und auch der Gedanke der Abschreckung erfordere nach Überwindung des damaligen Ungeistes keine besonders hohe Strafe mehr. Nach Berücksichtigung aller strafmildernden und strafverschärfenden Umstände hielt das Gericht eine Zuchthausstrafe von nur 4 Jahren für angemessen.

c) Fall Hans Graalfs

Am 8.4.1964 verurteilte das Schwurgericht des LG Kiel (AZ 2 Ks 1/64)[167] den Angeklagten Hans Graalfs wegen Beihilfe zum gemeinschaftlichen Mord in 760 Fällen zu 3 Jahren Zuchthaus.

Der 1915 geborene Graalfs ist am 5.11.1933 in die allgemeine SS eingetreten. Nach Beendigung einer kaufmännischen Lehre wurde er Anfang November 1934 hauptamtlich in den SD übernommen. 1937 trat Graalfs in die NSDAP ein.

Nachdem Graalfs im Rahmen seiner Tätigkeit für den SD auf verschiedenen Posten und an verschiedenen Orten gearbeitet hatte, bewarb er sich im Frühjahr 1940 für den Leitenden Dienst der Sicherheitspolizei und des SD und wurde auch aufgenommen. Seine damalige Dienststelle ermöglichte dem Angeklagten, sich in Abendkursen auf das Abitur vorzubereiten. Nach bestandenem Abitur sollte Graalfs auf Kosten des Staates Rechtswissenschaft studieren, um später im höheren Dienst eingesetzt werden zu können. Nach Ablegen der Reifeprüfung im Jahre 1941 begann er auch tatsächlich am 30.4.1941 das Studium der Rechts- und Staatswissenschaften, wurde aber schon im Mai beurlaubt, weil man ihn nach Russland abkommandierte. Zu dieser Zeit hatte Graalfs den Rang eines

---

165 Ebd., S. 726.
166 Rüter, a. a. O., Bd. XIX, Lfd. Nr. 564, S. 726.
167 Abgedruckt bei Rüter, a. a. O., Bd. XIX, Lfd. Nr. 567, S. 773 ff.

SS-Oberstürmführers inne. Graalfs übernahm innerhalb des EK 8 die Führung eines Waffen-SS-Zuges, der insgesamt 30 Mann stark war. Er blieb bis zum Oktober 1941 in Russland und hat in dieser Zeit die Taten begangen, deren er, laut Beweisaufnahme, vom Gericht überführt worden ist.

Dem Angeklagten konnte die Beteiligung an 3 Massenerschießungen nachgewiesen werden. Er beaufsichtigte dabei die Absperrungskommandos oder gab den Erschießungskommandos selbst den Schießbefehl zur Ermordung von jüdischen Männern, Frauen und Kindern, die zuvor unter seiner Aufsicht aus ihren Häusern verschleppt und zusammengetrieben worden waren. Graalfs gab auch Nachschüsse auf nicht sofort getötete Opfer ab, und das Gericht hielt es außerdem für erwiesen, *„...daß der Angeklagte mehrfach mit in den Gruben gewesen ist. Er hat auch dabei geholfen, die Opfer richtig hinzulegen und zu schichten."*[168]

In der rechtlichen Würdigung kommt das Gericht zu dem Ergebnis, dass die Urheber der Maßnahmen für die Vernichtung der Juden Hitler, Himmler und Heydrich waren. *„Zusammen mit Hitler haben Himmler, Heydrich und ihre nähere Umgebung den Vernichtungsplan aufgestellt und ihn unter Einschaltung des Reichssicherheitshauptamtes organisatorisch und technisch vorbereitet und durch die Einsatzgruppen durchführen lassen."*[169]

Hitler und seine Tatgenossen hätten dabei als mittelbare Täter gemeinschaftlich gehandelt. Sie handelten mit Überlegung, rechtswidrig und grausam. Nach Auffassung des Gerichts waren sie als Mörder anzusehen.

Den Tatbeitrag des Angeklagten Graalfs wertete das Gericht lediglich als Beihilfe. Es konnte bei Graalfs keinen eigenen Täterwillen feststellen. *„Es sind keine Umstände hervorgetreten, die darauf schließen lassen könnten, daß er selbst eine innere Einstellung zu den Taten hatte, die als eigener Wille zur Tatherrschaft zu werten wäre. Sein Wille ging vielmehr über die befehlsgemäße Förderung der fremden Taten nicht hinaus."*[170]

Die Richter bescheinigten allen Angehörigen der Einsatzgruppen in ihrem Urteil eine General-Amnestie, indem sie ausführten: *„Gerade für die während des Dritten Reiches begangenen zahlreichen Verbrechen ist es kennzeichnend, daß die verantwortlichen nationalsozialistischen Gewalthaber, denen die Machtmittel des Staates zur Verfügung standen, sie durch militärische oder in einem ähnlichen Gehorsamsverhältnis stehende Untergebene wie durch Werkzeuge ausführten, so daß die Einstellung der Untergebenen zu diesen Taten in der Regel nicht als ‚Täterwille' zu beurteilen ist."*[171]

---

168 Rüter, a. a. O., Bd. XIX, Lfd. Nr. 567, S. 797 f.
169 Ebd., S. 800.
170 Rüter, a. a. O., Bd. XIX, Lfd. Nr. 567, S. 803.
171 Ebd., S. 803. Vgl. auch BGHSt. 8, S. 393 ff.

Das Gericht ging also davon aus, dass die Deutschen während der national-sozialistischen Herrschaft ein Volk ohne eigenen Willen und ohne Verantwor-tungsbewusstsein waren und dass für die furchtbaren Verbrechen, die während dieser Zeit begangen wurden, tatsächlich nur die nationalsozialistische Führung verantwortlich zu machen war.

Da der Angeklagte weiterhin bei den Exekutionen keinen besonderen Eifer gezeigt habe, habe er nach Auffassung des Gerichts nur mit Gehilfenvorsatz gehandelt. Bei den Erschießungen habe Graalfs auch keinen eigenen Ermes-sensspielraum gehabt, der ihm eine nennenswerte Mitherrschaft über den Ge-schehensablauf erlaubt hätte.

In der Strafzumessung wertete das Gericht das große Unrecht und das Lei-den der Opfer bei den Erschießungen als straferschwerend. Demgegenüber hielt es dem Angeklagten eine Reihe von Milderungsgründen zugute, denn es war überzeugt, dass Graalfs ohne eigenen Antrieb gehandelt habe. Die Tatsache, dass Graalfs noch recht jung war, als er seine Taten beging, wurde ebenso strafmildernd berücksichtigt, wie die ständige nationalsozialistische Propaganda, der der Ange-klagte während seiner Jugend ausgesetzt war. *„Der noch verhältnismäßig junge An-geklagte ist damals... von den nationalsozialistischen Machthabern systematisch für die Ausführung verbrecherischer Befehle mißbraucht worden."*[172] Von den Richtern wurde außerdem aufgeführt, dass der Angeklagte vor und nach der Beteiligung an den Mordaktionen in Rußland ein straffreies Leben führte und dass er vor Ge-richt geständig war. Kaum verständlich ist das Argument des Gerichtes, dass seit den Taten 22 Jahre vergangen waren und *„der Angeklagte, der im Jahre 1964 vor Gericht steht, ... ein anderer [ist] als der des Jahres 1941."*[173] Tatsache ist aber, dass er die grausigen Mordtaten vollbracht hat, und die noch lebenden Angehörigen der Opfer werden damals für so ein Argument wenig Verständnis gehabt haben.

Ein Argument, das schon dazu führte, dass der Angeklagte nur als Gehilfe verurteilt worden ist, nämlich, dass er nur Befehlsempfänger und -ausführer war, und somit keinen Einfluss auf die Erschießungen hatte, wird vom Gericht auch noch als Strafmilderungsgrund aufgeführt. *„Endlich hat das Schwurgericht straf-mildernd berücksichtigt, daß der Angeklagte nicht als eigentlicher Truppführer im Einsatzkommando eingesetzt war... Seine Befehlsgewalt und sein Ermessensspiel-raum waren... geringer als die der anderen SS-Führer im Einsatzkommando."*[174] Dabei spielte für das Gericht die hohe Zahl der durch Graalfs Waffen-SS-Zuges

---

172 Rüter, a. a. O., Bd. XIX, Lfd. Nr. 567, S. 807.
173 Ebd., S. 807.
174 Ebd., S. 807.

getöteten Menschen keine Rolle, denn, wie das Gericht konstatierte, lag es au-
ßerhalb des Einflusses des Angeklagten, *„ob er zur Tötung von mehr oder weniger
Menschen befohlen oder zur Weitergabe von Tötungsbefehlen für mehr oder weniger
Menschen veranlaßt wurde."*[175]

Obwohl das Gericht die Schwere der Tat angemessen berücksichtigen wollte,
hielt es nach Abwägung aller Umstände eine Zuchthausstrafe von nur 3 Jahren
für eine *„schuldangemessene Sühne."*[176]

3.4 Auswertung

In den Fällen, in denen Gerichte Einsatzgruppenverbrechen zu ahnden hatten,
mussten diese prüfen, inwieweit § 47 MStGB als Strafausschließungsgrund auf
die Taten der Angeklagten anzuwenden war.

§ 47 MStGB besagt:
*Wird durch die Ausführung eines Befehls in Dienstsachen ein Strafgesetz verletzt,
so ist dafür der befehlende Vorgesetzte verantwortlich. Es trifft jedoch den gehorchenden Untergebenen die Strafe des Teilnehmers:*
1. *wenn er den ihm erteilten Befehl überschritten hat, oder*
2. *wenn ihm bekannt gewesen ist, dass der Befehl des Vorgesetzten eine Handlung
   betraf, welche ein bürgerliches oder militärisches Verbrechen bezweckte.*

Die Gerichte sprachen den Angeklagten zunächst zu, dass es sich bei dem „Führerbefehl" um einen Befehl in Dienstsachen handelte, obwohl selbst das als problematisch angesehen werden kann. Ein Befehl in Dienstsachen ist nur dann
gegeben, wenn aus ihm zweifelsfreie Weisungen zu entnehmen sind, die ein genau
umgrenztes Handeln fordern.[177] Dabei darf der Untergebene keinen Raum für die
Ausübung eigenen Ermessens haben. Aber gerade dies war mit dem „Führerbefehl" gegeben, denn zumindest die Führer von Einsatzgruppen bzw. -kommandos
mussten vor Ort immer wieder selbständig entscheiden, ob, wie und wieviel Juden
getötet werden sollten.

Für die Gerichte war in den vorliegenden Fällen aber entscheidend, dass durch
den „Führerbefehl" ein allgemeines Verbrechen bezweckt wurde. Dass die Beschuldigten den verbrecherischen Charakter des Vernichtungsbefehls erkannt
haben, ist grundsätzlich anzunehmen. Die Gerichte taten dies auch, zumal mehrere der Angeklagten zugaben, um die Unrechtmäßigkeit des „Führerbefehls"

---

175 Ebd., S. 807.
176 Ebd., S. 808.
177 Vgl. Streim, a. a. O., S. 95.

gewusst zu haben. Aus diesen Gründen ließen die Gerichte den Schuldausschließungsgrund des § 47 MStGB für die Angehörigen von Einsatzgruppen durchweg nicht gelten. Dabei spielte der Verbotsirrtum eine untergeordnete Rolle. Soweit die Angeklagten in der Vorstellung gehandelt hatten, dass der Befehlsgehorsam auch rechtswidrige Handlungen rechtfertige, irrten sie über die Grenzen der Verbindlichkeit eines Befehls und handelten somit in einem Verbotsirrtum.[178] Bei eingehender Prüfung ihres Gewissens hätten die Beschuldigten erkennen können, dass auch ein Befehl solche verbrecherischen Mordaktionen nicht rechtfertigt. Sie handelten demzufolge aus einem selbst verschuldeten Verbotsirrtum heraus und konnten sich nicht zu ihrer Exkulpation auf selbigen berufen.

Im Zusammenhang mit dem Handeln auf Befehl wenden die ehemaligen Angehörigen der Einsatzgruppen mit schöner Regelmäßigkeit ein, dass sie unter einem unausweichlichen Befehlsdruck den verbrecherischen Vernichtungsbefehl hätten ausführen müssen. Die Gerichte hatten folglich auch das Argument des „Befehlsnotstandes" zu prüfen (§§ 52, 54 StGB a. F. – Nötigungsstand, Notstand). Dieser setzt voraus, dass eine nicht abwendbare Gefahr für Leib und Leben des Betreffenden bestand, wenn er den ihm erteilten Befehl nicht ausgeführt hätte.[179] Die Einsatzgruppenleute hatten aber durchaus die Möglichkeit, sich der Ausführung des verbrecherischen Befehls zu entziehen, wie schon die Zeugenaussagen im Nürnberger Einsatzgruppenprozess dokumentierten.[180] In diesen Fällen wurden sie von den Einsatzgruppen versetzt, erhielten andere Aufgaben und hatten allenfalls einen „Karriereknick" zu befürchten. Es bestand zu keiner Zeit eine Gefahr für Leib oder Leben der Verweigerer des „Führerbefehls", denn es ist kein Fall dokumentiert, bei dem ein Angehöriger einer Einsatzgruppe nach einer Befehlsverweigerung getötet worden wäre.[181] Das Argument des Befehlsnotstandes wurde von den Gerichten nicht anerkannt. Ebensowenig befanden sich die Beschuldigten bei der Ausführung ihrer Taten in einem vermeintlichen Notstand (Putativnotstand). Sie hätten erkennen müssen, dass tatsächlich keine Gefahr für ihr Leben bestand, wenn sie die Durchführung des verbrecherischen Mordbefehls verweigert hätten. Die Berufung der Beschuldigten auf den sogenannten Befehlsnotstand musste in der Regel erfolglos bleiben.

---

178 Vgl. BGHSt. 3, 271.
179 Vgl. dazu Kurt Hinrichsen, „Befehlsnotstand", in: Adalbert Rückerl (Hrsg.), NS-Prozesse, Karlsruhe 1971, S. 131 ff.
180 Vgl. Kempner, a. a. O., S. 77.
181 Vgl. Jäger, a. a. O., S. 83 ff.

Außer den oben aufgeführten Einwendungen mussten die Gerichte eine ganze Reihe weiterer prüfen[182], die an dieser Stelle nicht behandelt werden können, da im Vordergrund stehen soll, wie die Gerichte die Abgrenzung zwischen Täterschaft und Beihilfe vornahmen, denn dies war bei der Ahndung von Einsatzgruppenverbrechen das wesentliche Kriterium zur Urteilsfindung.

In den Fällen, in denen die Gerichte die Einsatzgruppenverbrecher als Täter und nicht als Gehilfen verurteilten, wurde die überzeugte Haltung der Angeklagten in Bezug auf den Nationalsozialismus zu ihren Ungunsten gewertet. Die Gerichte zogen vor allem in den Fällen Rapp und Filbert aus den Werdegängen der Beschuldigten und ihrem Verhalten während ihrer Zugehörigkeit zu den Einsatzgruppen den Schluss, dass die Angeklagten ihre Taten in Übereinstimmung mit der obersten nationalsozialistischen Führung begangen haben und somit die Ermordung der Juden als eigene Tat gewollt haben. Der besondere Eifer, mit dem sie diese Mordaktionen durchführten, bestätigte die Richter in ihrer Einschätzung. Zudem nutzten die Täter ihre Position, um sich beruflich zu profilieren, und sie handelten in vollem Bewusstsein über die Verbrechen, die ihr Handeln bezweckte.

Die Frage nach der Tatherrschaft, ebenfalls ausschlaggebend für die Entscheidung, ob jemand als Täter oder als Gehilfe gehandelt hat, wurde in obigen Fällen bejaht. Die Beschuldigten bekleideten Positionen, vor allem Filbert und Rapp als Führer von Einsatz- bzw. Sonderkommandos, die sie in die Stellung von Befehlsgebern versetzten. Sie hatten über ihren jeweiligen Bereich die absolute Befehlsgewalt und mussten von Fall zu Fall entscheiden, ob, wie und wie viele Menschen getötet werden sollten. Sie hätten den „Führerbefehl", der lediglich als Rahmenbefehl von den Gerichten betrachtet wurde, weniger konsequent ausführen können, als sie es tatsächlich getan haben, wenn sie nur gewollt hätten. Sie erhielten keine Einzelanweisungen von Vorgesetzten und infolgedessen wurde davon ausgegangen, dass sie die volle Tatherrschaft hatten.

Es ist zu erkennen, dass die Richter in den oben beschriebenen Fällen den Umfang des Tatbeitrags der Einsatzgruppenverbrecher objektiv ermittelten und bewerteten. Bei den nun zu betrachtenden Fällen, in denen die Gerichte auf Beihilfe zum Mord erkannten, wandelte sich die Betrachtungsweise. Die Richter gingen dazu über, gemäß der subjektiven Theorie des BGH[183], die in einem der folgenden Kapitel noch ausführlich zu erläutern sein wird, zu entscheiden. Nach dieser

---

182 Z. B.: Berufung auf Verjährung, Verbrauch der Strafklage bei Vorliegen von Urteilen der damaligen Alliierten, der DDR-Gerichte und der Spruchgerichte, Rechtfertigung der Morde an den Juden als „rechtmäßige, völkerrechtliche Vergeltungsmaßnahmen", bzw. notwendige Kriegsmaßnahmen". Vgl. dazu Streim, a. a. O., S. 89 ff.

183 Vgl. BGHSt. 8, S. 393 ff.

Theorie ist derjenige Täter, der die Tat als eigene will. Teilnehmer ist, wer mit Teilnehmerwillen tätig geworden ist und die Tat lediglich als fremde fördern will.

In den Fällen, in denen die Gerichte auf Beihilfe zum Mord mit gleichzeitig höchstzulässiger Strafzumessung erkannten, wurden als Haupttäter Hitler, Himmler und Heydrich angesehen, denen die volle Tatherrschaft zugerechnet wurde. Die Angeklagten handelten nach Ansicht der Gerichte bei der Durchführung der Massenverbrechen ohne eigenen Täterwillen. Diese Feststellung mutet mitunter sehr eigentümlich an, denn bei der Mehrzahl der Angeklagten ergab die Beweisaufnahme, dass sie überzeugte Nationalsozialisten waren und die Ideologie der obersten nationalsozialistischen Führung teilten und somit auch die Morde an den Juden bejahten. Weiterhin beanspruchten sie als Führer von Einsatzkommandos die absolute Befehlsgewalt für sich, allerdings, wie von ihnen behauptet und von den Gerichten übernommen wird, ohne dabei einen eigenen Täterwillen zu haben. Dabei ließen die Gerichte eindeutige Hinweise auf einen eigenen Willen zur Tat, wie sie in dem in den Urteilen aufgeführten Geschehensablauf zu finden waren, unberücksichtigt. Es ist kaum nachzuvollziehen, wie die Gerichte nach der Beweiswürdigung die Behauptung der Angeklagten, dass sie durch ihr Handeln nur eine fremde Tat, nämlich die der obersten nationalsozialistischen Führung, fördern wollten, übernehmen konnten. Obwohl die Angeklagten in der Mehrzahl der Fälle eigenhändig Menschen erschossen hatten, also alle Merkmale einer Täterschaft gegeben waren (volle Tatbestandserfüllung), gingen die Gerichte in völliger Überdehnung der subjektiven Theorie davon ab, die Beschuldigten als Täter zu verurteilen, indem sie ihnen positiv zurechneten, dass diese der inneren Einstellung nach kein eigenes Interesse an der Tat gehabt hätten. Der Tenor in den Urteilsbegründungen war, dass der von Hitler erteilte „Führerbefehl" zur Vernichtung der Juden ein vorgegebener Rahmenbefehl war, der wenig Raum für eigene Einflussnahme gelassen hat. Im Gegensatz zu den Urteilsbegründungen der Kategorie der Verurteilungen wegen Täterschaft, in der die Gerichte aus den Führungspositionen und der Befehlsgewalt der Beschuldigten als Leiter der Einsatzkommandos auf die volle Tatherrschaft schlossen, wurde in den Fällen der Verurteilungen wegen Beihilfe die gehobene Stellung der Angeklagten und deren Anspruch auf die Befehlsgewalt lediglich strafverschärfend gewertet und nicht als Hinweis auf eine vorliegende Tatherrschaft. Durch dieses geschickte Manöver war es den Gerichten in Zusammenhang mit dem G tauben an das Bekenntnis der Angeklagten, sie hätten keinen eigenen Willen zur Tat gehabt, möglich, hundert- oder tausendfache Mörder als Gehilfen zu verurteilen. Da die Gerichte aber trotzdem noch die Schwere der Tat angemessen würdigen wollten, gingen sie zumindest in der Strafzumessung an die Höchstgrenze und verurteilten die Beschuldigten zu 15 Jahren Zuchthaus.

In der nun zu betrachtenden Kategorie der Verurteilungen wegen Beihilfe zum Mord mit mittleren Strafhöhen, ließen sich die Gerichte auch nicht mehr von der Schwere der begangenen Taten beeindrucken. In den Urteilsbegründungen rückte mehr und mehr in den Vordergrund, dass die Angehörigen der Einsatzgruppen bloße Befehlsempfänger und -ausführer waren. Auch wenn sie in gehobenen Stellungen tätig waren, die sie in die Position von Befehlsgebern versetzten, wie in den dargestellten Fällen z. B. Bradfisch und Schönemann, die Kommando- bzw. Teilkommandoführer waren, gingen die Gerichte davon aus, dass sie lediglich einen Befehl ohne eigenen Ermessensspielraum ausführten. Dabei ließen die Richter völlig außer Acht, dass die Angeklagten vor Ort die allein Verantwortlichen waren und von Fall zu Fall entscheiden mussten, ob und wie Massenerschießungen durchgeführt werden sollten.

Obwohl die Angeklagten erwiesenermaßen Anhänger des Nationalsozialismus waren und seine Ideologie teilten, wollten die Gerichte auch hier keinen eigenen Täterwillen feststellen. Die Taten der Beschuldigten wurden also von den Gerichten in ähnlicher Weise bewertet, wie in der zuvor beschriebenen Kategorie. Neu ist hier allerdings, dass die Gerichte dazu tendierten, die Anhängerschaft zum Nationalsozialismus als Entschuldigungsgrund aufzuführen. Zumindest wurde diese Tatsache in der Strafzumessung mildernd berücksichtigt, und die Richter verhängten erheblich mildere Strafen, die zwischen 6 und 10 Jahren lagen.

In der letzten der behandelten Kategorien, in der die Gerichte die Einsatzgruppenverbrecher wegen Beihilfe zum Mord verurteilten und dabei äußerst geringe Strafen verhängten (zwischen 3 und 5 Jahren), ist die subjektive Teilnahmetheorie über die Maßen ausgedehnt worden. Die Anhängerschaft zum Nationalsozialismus ist nun dazu benutzt worden, um die ehemaligen Angehörigen der Einsatzgruppen zu exkulpieren. Diente dieser Umstand noch in der ersten Kategorie dazu, auf Täterschaft zu erkennen, waren die Beschuldigten nunmehr nur noch kleine Rädchen im Getriebe des Nationalsozialismus, die durch jahrelange nationalsozialistische Propaganda zu einem blinden Gehorsam erzogen worden seien und quasi gar nicht anders konnten, als auch dem verbrecherischsten Befehlen Folge zu leisten. Ein und dasselbe Argument wurde demzufolge auf unterschiedliche Art und Weise gewichtet.

Das Schwurgericht des LG Kiel billigte in seinem Urteil sogar allen ehemaligen Angehörigen der Einsatzgruppen die bereits erwähnte General-Amnestie zu, indem es ausführte: *„Gerade für die während des Dritten Reiches begangenen zahlreichen Verbrechen ist es kennzeichnend, daß die verantwortlichen nationalsozialistischen Gewalthaber, denen die Machtmittel des Staates zur Verfügung standen, sie durch militärische oder in einem ähnlichen Gehorsamsverhältnis stehende Un-*

tergebene wie durch Werkzeuge ausführten, so daß die Einstellung der Untergebenen zu diesen Taten in der Regel nicht als ‚Täterwille' zu beurteilen ist."[184]

Um zu der erwünschten Verantwortlichkeit Hitlers, Himmlers und Heydrichs für die Massenmorde an den Juden zu gelangen, spulten die Richter in ihren Urteilen mehr oder weniger ausführlich die historischen Hintergründe zur „Entwicklung der Judenfrage" herunter. Es gibt kaum ein Urteil, das nicht mit einem Abschnitt über die „Haupttäter" beginnt. Die gängige Standardformel lautete dabei folgendermaßen: „*Die Urheber für die Maßnahmen der >Sonderbehandlung der potentiellen Gegner<, also der physischen Vernichtung sämtlicher Juden ohne Rücksicht auf Alter und Geschlecht und der Kommunisten im Ostraum sind nach den tatsächlichen Feststellungen des Schwurgerichts Hitler, Himmler, Heydrich und deren nähere Umgebung. Sie haben gemeinsam den Vernichtungsplan ausgeheckt und ihn unter Einschaltung des RSHA organisatorisch und technisch vorbereitet und durch die Einsatzgruppen und Vernichtungslager durchführen lassen, welche jeweils befehlsgemäß gehandelt haben. Eine rechtliche Würdigung der Taturheber hat daher der der Angeklagten vorzugehen.*"[185]

Oben angeführte Beispiele sind symptomatisch für diese Urteilskategorie. Es wurde durch die Gerichte eine Exkulpation der gesamten deutschen Bevölkerung vorgenommen qua Abschiebung der Verantwortlichkeit auf einen totalitären Staatsapparat. Die Gerichte gingen demzufolge davon aus, dass das deutsche Volk nur aus einem Täter und 60 Millionen Gehilfen bestand, wie es Jürgen Baumann treffend charakterisierte.[186]

Die Gerichte versuchten ihre milden Urteile zu rechtfertigen, indem sie zahlreiche Strafmilderungsgründe aufführten, die sie in den Personen der Angeklagten gesehen haben wollen. Positiv wurde den Beschuldigten z. B. zugerechnet, dass sie vor und nach ihren Taten ein straffreies Leben geführt haben und dass sie sich während der Verhandlungen korrekt verhalten haben. Es handelte sich demzufolge um Strafmilderungsgründe, die alle mit der eigentlichen Tat nichts zu tun hatten. Kaum verständlich ist das Argument der Richter, dass nach der langen Zeit das Sühnebedürfnis für die Taten nur noch ein geringes sei und der Abschreckungseffekt an Bedeutung verloren habe, weil der Ungeist des Nationalsozialismus überwunden sei. Für diesen Standpunkt werden vor allem die noch lebenden Angehörigen der Opfer wenig Verständnis gehabt haben.

---

184 Abgedruckt bei Rüter, a. a. O., Bd. XIX, Lfd. Nr. 567, S. 803.
185 Urteil des Schwurgerichts des LG Ulm (AZ Ks 2/57), abgedruckt bei Rüter, a. a. O., Bd. XV, Lfd. Nr. 465, S. 232.
186 Vgl. Henkys, a. a. O., S. 229.

V Beihilfe statt Täterschaft: Der rechtstheoretische Hintergrund der Einsatzgruppenjudikatur

1. Alles nur Gehilfen?

Die exkulpierende Urteilspraxis der Gerichte und die von ihnen verhängten milden Strafen gegen Einsatzgruppenverbrecher und andere NS-Gewaltverbrecher zog die Formulierung einer grundlegenden Kritik schon in den 60er Jahren nach sich. Motor dieser sich entwickelnden Gegenposition zur herrschenden Rechtsprechung war die Oberstaatsanwältin Barbara Just-Dahlmann, die durch ihre Tätigkeit als Übersetzerin für die Zentrale Stelle der Landesjustizverwaltungen genauestens mit der Materie der NS-Gewaltverbrechen und ihrer Ahndung vertraut war. Sie zeigte erstmalig im Rahmen mehrerer Vorträge öffentlich die Missstände in der Rechtsprechung gegen NS-Verbrecher auf.[1] Um der Tendenz entgegenzuwirken, tausendfache Mörder mit unangemessen milden Strafen zu belegen, unternahm Frau Just-Dahlmann gemeinsam mit ihrem Mann den Versuch, eine breite Strafrechtswissenschaftliche Kritik an der Beihilfe-Judikatur in NS-Gewaltverbrecherprozessen in Gang zu setzen. 1963 initiierte sie eine Anfrage an sämtliche Strafrechtslehrer der Bundesrepublik, die vom Deutschen Koordinierungsrat der Gesellschaften für Christlich-Jüdische Zusammenarbeit getragen wurde. In diesem Brief, den die Strafrechtler der deutschen Universitäten am 12. März 1963 erhielten, hieß es:

> „...der Deutsche Koordinierungsrat der Gesellschaften für Christlich-Jüdische Zusammen-
> arbeit beobachtet seit einiger Zeit mit zunehmender Besorgnis, daß von den Schwurgerich-
> ten der Bundesrepublik Massenmorde und Gewaltverbrechen aus nationalsozialistischer
> Zeit (Konzentrationslager, Ghettos, Einsatzgruppen usw.) zum Teil – aber doch schon einer
> gewissen Häufung – anders behandelt werden als Mordfälle sonst... Bereits jetzt werden
> selbst solche Fälle der Beteiligung am Massenmord, die mit einem erheblichen Maß an
> Aktivität, Eigen-Initiative und Entscheidungsfreiheit des Angeklagten verbunden sind, mit
> Mindeststrafen für >Beihilfe zum Mord< bedacht, die in den Augen der Allgemeinheit die

---

1   Ihren ersten Vortrag hielt sie im Jahre 1961 in der Evangelischen Akademie in Loc-
    cum. Bis Ende 1965 folgten insgesamt 74 Vorträge in Schulen, vor Studenten, vor
    Kirchengemeinden, vor Polizeibeamten, vor Richtern und Staatsanwälten usw. Vgl.
    dazu Just-Dahlmann/Just, a. a. O., S. 39 ff.

Mitwirkung am Massenmord zu einem Delikt von der Größenordnung etwa des schweren Diebstahls oder der gewerbsmäßigen Hehlerei herab mindern."[2]

Die Resonanz auf diesen Brief war niederschmetternd. Von 58 angeschriebenen Strafrechtslehrern antworteten nur 9. Dennoch war der oben auszugsweise zitierte Brief nicht der einzige Versuch, auf die Überdehnung der Beihilfe-Rechtsprechung in den Fällen der NS-Verbrecher aufmerksam zu machen bzw. eine Änderung der herrschenden Rechtsprechung zu bewirken. Am 13. März 1963 trat der Rat der Evangelischen Kirchen in Deutschland mit einer Denkschrift zu den NS-Verbrecherprozessen an die Öffentlichkeit, in der es hieß:

> „Wir wollen nicht verschweigen, daß uns im Rückblick auf einige Urteile bereits zum Abschluß gekommener Verfahren der letzten Zeit.. die Frage begegnet, ob nicht ein Mißverhältnis zwischen einigen Urteilen über Verbrechen aus der NS-Zeit und Urteilen über Verbrechen aus unseren Tagen besteht."[3]

Der Versuch von Just-Dahlmann, im Jahre 1964 die juristischen Fachzeitschriften zu einer systematischen wissenschaftlichen Erörterung des Themas zu bewegen, schlug fehl. Einem zweiten Appell an die Strafrechtslehrer aus dem Jahre 1965 folgten zwar endlich die ersehnten Stellungnahmen, allerdings nicht mit dem Ergebnis, das sich Just-Dahlmann erhofft hatte. Der Tenor der Antworten ging vielmehr dahin, dass sich die angesprochenen Strafrechtslehrer für eine kritische strafrechtliche Analyse der Rechtsprechung gegen NS-Verbrecher für unzuständig erklärten.[4]

Immerhin bewirkte die teilweise öffentlich vorgetragene Kritik an der justiziellen Behandlung von NS-Gewaltverbrechern eine Behandlung des Themas auf dem 46. Deutschen Juristentag 1966.

> „Die Verfolgung und richterliche Ahndung von nationalsozialistischen Gewalt verbrechen ist Gegenstand lebhafter Erörterungen in der Öffentlichkeit. Eine Reihe von Urteilen hat Kritik hervorgerufen und die Besorgnis erweckt, die Ahndung solcher Verbrechen werde ihrem Unrechtsgehalt nicht gerecht",[5] so die einleitenden Worte in den zum Juristentag veröffentlichten Unterlagen. In einer Entschließung

---

2 Abgedruckt bei Just-Dahlmann/Just, a.a.O., S. 161 ff. und auch bei Henkys, a.a.O., S. 346 f.

3 Abgedruckt bei Erwin Wilkens, NS-Verbrechen-Strafjustiz, deutsche Selbstbesinnung, Berlin/Hamburg 1964, S. 34 ff. und auch bei Henkys, a.a.O., S. 339 ff.

4 Vgl. Just-Dahlmann/Just, a.a.O., S. 198 ff.

5 Ständige Deputation des deutschen Juristentages (Hrsg.), Probleme der Verfolgung und Ahndung von nationalsozialistischen Gewaltverbrechen, Verhandlungen des 46. Deutschen Juristentages, Bd. II, Teil C, München/Berlin 1967, S. 7.

wird bezüglich der Beihilfe-Judikatur festgestellt: „*Die Kommission hat mit Besorgnis von Urteilen Kenntnis genommen, in denen NS-Gewaltverbrechen nach den in den Urteilen getroffenen Feststellungen mit auffallend niedrigen Strafen geahndet worden sind. In einem wesentlichen Teil dieser Fälle beruht das darauf, daß Täter des Mordes als Gehilfen verurteilt worden sind. Unabhängig davon, ob die Kommissionsmitglieder einer subjektiven oder einer materiell objektiven Teilnahmetheorie zuneigen, ist nach ihrer einhelligen Auffassung vielfach zu Unrecht Beihilfe an Stelle von Täterschaft angenommen worden.*"[6]

Die beteiligten Juristen nahmen auch Stellung zu der Frage nach der Definition von Täterschaft im Rahmen nationalsozialistischer Gewaltverbrechen:

> „*Täter ist nach Ansicht der Kommission auf jeden Fall, ohne Rücksicht auf seine Beweggründe im Übrigen,*
> a) *wer ohne konkreten Befehl getötet hat;*
> b) *wer mehr getan hat, als ihm befohlen war;*
> c) *wer als Befehlsgeber mit selbständiger Entscheidungsgewalt oder eigenem Ermessensspielraum Tötungen befohlen hat.*"[7]

Weiterhin wurden die milden Strafen, die in den Fällen von Beihilfe verhängt wurden, erwähnt:

> „*Bei den als Beihilfe bestraften Taten fällt auf, daß die Strafen oft am unteren Rande der gesetzlichen Mindeststrafe liegen. Das ist nach Ansicht der Kommission auf jeden Fall dann nicht zu vertreten, wenn jemand in gehobener Funktion oder in besonders aktiver Weise mitgewirkt hat oder wenn es sich um zahlreiche Taten gehandelt hat.*"[8]

Bedeutete dieser Juristentag hinsichtlich der Entwicklung von wissenschaftlichen Gegenpositionen zumindest einen Teilerfolg, änderte sich an der Urteilspraxis der Gerichte jedoch nichts. Weiterhin wurden die Morde der Einsatzgruppen, wie aus dem Abschnitt dieser Arbeit, der die statistische Analyse von Urteilen gegen Einsatzgruppenverbrecher zum Gegenstand hat, ersichtlich, mit Strafen wegen Beihilfe geahndet und die Täter wurden weiterhin in der überwiegenden Mehrzahl nicht als solche verurteilt.

Es stellt sich nun die Frage nach dem rechtstheoretischen Hintergrund der Beihilfe-Konstruktion für Einsatzgruppentäter. Wie konnte es juristisch legitimiert werden, Hitler, Himmler und Heydrich, die alle schon lange tot waren und nicht mehr zur Verantwortung gezogen werden konnten, als Haupttäter zu klassifizieren und die Vielzahl der an Einsatzgruppenmorden Beteiligten, die angeblich

---

6 Ebd., S. 8 f.
7 Verhandlungen des deutschen Juristentages, a. a. O., S. 9.
8 Ebd., S. 9 (Punkt 4).

nur ein kleines Rädchen im großen Getriebe des Nationalsozialismus waren, als Gehilfen zu verurteilen? Welchen Weg ging die Mehrzahl der Gerichte bei der Urteilsfindung und welches Grundgerüst lag ihren stereotyp wiederkehrenden Hauptargumentationssträngen, die sie zu den erwünscht milden Strafen führten, zugrunde? Bei meinem Studium der Urteile ist in mir der Eindruck entstanden, dass für die Gerichte von Anfang an feststand, dass sie die Einsatzgruppenverbrechen lediglich mit geringen Strafen ahnden wollten. Die Strafe stand also fest, und nur die Begründung, die zu dem gewünschten Urteil führen sollte, musste noch gefunden werden. Wie dafür die Beihilfe-Konstruktion diente, wird folgendes Kapitel verdeutlichen.

2. Die Abgrenzung von Täterschaft und Beihilfe

In Anwendung der Rechtsprechung bezüglich Täterschaft und Beihilfe entstanden zwei Abgrenzungslehren – die materiell-objektive Theorie und die subjektive Theorie. Entscheidend ist dabei die Abgrenzung von Täterschaft und Beihilfe, also die Feststellung, welche Bedeutung der Tatbeitrag einer Person für die Realisierung des Tatbestandes hatte.

2.1 Die materiell-objektive Abgrenzungstheorie

Die in der Lehre ursprünglich herrschende formell-objektive Theorie, die nur den als Täter ansah, der den Tatbestand unmittelbar selbst verwirklichte, ist einer differenzierteren Betrachtungsweise gewichen, bei der es vor allem darum geht, auch die Formen geistiger Tatbeherrschung ohne unmittelbaren Beitrag zur Tatbestandsverwirklichung als Täterschaft zu erfassen. Dabei hat sich die Tatherrschaft als Leitprinzip für die Abgrenzung zwischen Täterschaft und Teilnahme durchgesetzt. Tatherrschaft bedeutet „das vom Vorsatz umfasste In-den-Händen-halten des tatbestandsmäßigen Geschehensablaufs, die jeder Mitwirkende hat, der die Verwirklichung des Gesamterfolges je nach seinem Willen hemmen oder ablaufen lassen kann."[9]

Diese Tatherrschaft tritt bei dem unmittelbar Handelnden als „Handlungsherrschaft", bei der mittelbaren Täterschaft als „Willensherrschaft" des Hintermannes und bei der Mittäterschaft als „funktionelle Tatherrschaft" der arbeitsteilig handelnden Mittäter in Erscheinung.

---

9 Reinhart Maurach, u. a., Deutsches Strafrecht, Allgemeiner Teil, Heidelberg 1989, S. 247.

Nach der materiell-objektiven Theorie ist folglich derjenige Täter, der als Schlüsselfigur des Geschehens die planvoll-lenkende oder aber auch mitgestaltende Tatherrschaft besitzt. Der Täter muss demnach einen direkten Einfluss auf den Geschehensablauf haben, d. h. dass er die Verwirklichung der Tat nach seinem Willen hemmen oder ablaufen lassen kann. Er kann auf den Ablauf und den Erfolg einer Tat Einfluss nehmen und durch sein Handeln oder Nichthandeln die Tat sowohl durchführen als auch abbrechen lassen.

Teilnehmer ist folgerichtig, wer ohne eigene Tatherrschaft als Randfigur des Tatgeschehens die Begehung der Tat irgendwie fördert.

2.2 Die subjektive Abgrenzungstheorie

Die in der Rechtsprechung vornehmlich angewandte subjektive Theorie orientiert sich an der Willensrichtung und der inneren Einstellung der Beteiligten zur Tat.

Täter ist, wer mit Täterwillen (animus auctoris) handelt und die Tat als eigene will.

Teilnehmer ist, wer mit Teilnehmerwillen (animus socii) tätig wird und die Tat lediglich als fremde fördern will.

Die Auswertung der Urteile gegen Einsatzverbrecher hat gezeigt, dass in extremer Überdehnung dieser Theorie einerseits jemand als Mittäter verurteilt werden kann, der selbst keinen tatbestandsverwirklichenden Beitrag zur Tat geleistet hat und andererseits jemand als Gehilfe verurteilt wird, der in eigener Person den Tatbestand voll erfüllt hat.[10]

3. Die Anwendung der subjektiven Abgrenzungstheorie in der Rechtsprechung

Die subjektive Abgrenzungstheorie fand ihre Anwendung in der Rechtsprechung, lange bevor bundesdeutsche Gerichte die Verbrechen von ehemaligen Angehörigen der Einsatzgruppen zu ahnden hatten. Bereits das Reichsgericht ging im Jahre 1940 davon ab, denjenigen als Täter zu verurteilen, der den Tatbestand des Mordes voll erfüllt hatte. Der „Badewannen-Fall"[11] wurde richtungsweisend in der Anwendung der subjektiven Abgrenzungstheorie bzw. subjektiven Teilnahmetheorie. Auch viele Urteile gegen Einsatzgruppenverbrecher nahmen Bezug auf das Urteil des Reichsgerichts. Vollständig legitimiert wurde die Gehilfenrechtspre-

---

10 So die Vielzahl der Fälle, in denen die Einsatzgruppenverbrecher eigenhändig hunderte von Menschen erschossen haben.

11 Vgl. RGSt 74, 84.

chung der bundesdeutschen Gerichte durch das Grundsatzurteil des BGH, dem sogenannten Staschynskij-Urteil aus dem Jahre 1962.[12] Wegen ihrer Bedeutung für die Ahndung von Einsatzgruppenverbrechen werden beide Entscheidungen im Folgenden vorgestellt.

3.1 Der „Badewannen-Fall"

Im „Badewannen-Fall" ging es um die Entscheidung, ob eine junge Frau, die das neugeborene Kind ihrer Schwester auf deren Drängen durch Ertränken getötet hatte, als Täterin oder als Gehilfin zu verurteilen sei.

Das LG Trier hatte zunächst entschieden, die Beschuldigte wegen tatbestandsmäßiger Erfüllung des § 211 damaliger Fassung als Täterin zum Tode zu verurteilen.[13] Das Reichsgericht als Revisionsinstanz dagegen befand, dass nicht allein die Tatsache der Ausführung der Tötungshandlung maßgebend sein dürfe. Vielmehr komme es auf die Willensrichtung des Beschuldigten zur Tatausführung an:

„*Entscheidend ist vielmehr, ob der Beschuldigte die Ausführungshandlung mit Täterwillen unternommen, d. h. die Tat als eigene gewollt hat, oder ob er damit Lediglich eine fremde Tat als fremde hat unterstützen wollen. Nur im ersten Fall ist er Täter, im zweiten bloßer Gehilfe.*"[14]

Das Gericht führte weiter aus: „*Ob jemand die Tat als eigene will, richtet sich vornehmlich, wenn auch nicht ausschließlich, nach dem Grade seines eigenen Interesses am Erfolg.*"[15] Das Reichsgericht bediente sich demnach einer „subjektivistischen Täterschaftskonstruktion, die allein auf die unüberprüfbare innere Haltung des Täters abstellte."[16] Das Interesse am Erfolg der Tat wurde der Mutter des getöteten Kindes zugerechnet. Der Schwester, die das Kind eigenhändig ertränkt hatte, wurde dagegen kein eigenes Interesse an der Kindstötung zugeschrieben. Sie habe durch ihr Handeln lediglich eine fremde Tat unterstützt. Durch diese Argumentation war es dem Reichsgericht möglich, die Beschwerdeführerin als Gehilfin zu verurteilen und nicht als Täterin.

---

12 Vgl. BGHSt 18, 87.
13 § 211 schrieb damals die Todesstrafe für Mörder vor.
14 RGSt 74, S. 85.
15 Ebd., S. 85.
16 Ingo Müller, Furchtbare Juristen – Die unbewältigte Vergangenheit unserer Justiz, München 1987, S. 252.

3.2 Das Staschynskij-Urteil

Der BGH lehnte die Täterschaftslehre des Reichsgerichts ab und prägte noch im Jahre 1956 in ausdrücklicher Distanzierung vom „Badewannen-Urteil" den Leitsatz: *„Wer mit eigener Hand einen Menschen tötet, ist grundsätzlich auch dann Täter, wenn er es unter dem Einfluß und in Gegenwart eines anderen nur in dessen Interesse tut."*[17]

Diesen Grundsatz wollte der BGH allerdings nur auf „ganz normale Morde" angewandt wissen. Demgegenüber förderte das höchste Strafgericht die Gehilfenrechtsprechung der Untergerichte bezüglich NS-Gewaltverbrechen, indem es diese Urteile regelmäßig bestätigte, ohne allerdings jene Entscheidungen in die amtliche Sammlung aufzunehmen.[18] Der BGH wandte also lange Zeit zwei unterschiedliche Täterschaftskonstruktionen an, eine bei NS-Gewaltverbrechen und eine bei allgemeiner Kriminalität. Die Gelegenheit, die extrem subjektive Abgrenzungstheorie auch offiziell für NS-Verbrechen zu legitimieren, bot sich mit dem Staschynskij-Fall. In diesem Fall, den der BGH 1962 zu entscheiden hatte, ging es um den Mord an zwei ukrainischen Exilpolitikern durch den Agenten Staschynskij, der beide mittels einer Giftpistole getötet hatte. Beide Attentate sind der Beweisaufnahme des BGH zufolge *„von sowjetischer >höchster Stelle< ... unter Beteiligung... des damaligen Vorsitzenden des Komitees für Staatssicherheit beim Ministerrat der UDSSR (KGB) dem Angeklagten befohlen worden."*[19] Wäre der BGH seinem im Jahre 1956 aufgestellten Leitsatz gefolgt, dass derjenige Täter sei, der mit eigener Hand einen Menschen tötet, hätte Staschynkij als Mörder oder zumindest als Totschläger verurteilt werden müssen. „Wegen der gleichartigen Konstellation bot sich dieser Fall an, prinzipielle Erwägungen zur Täterschaft bei staatlich angeordnetem Mord anzustellen, ohne sich den Vorwurf der Nazi-Freundlichkeit zuzuziehen."[20] Obligatorisch verdammte der BGH dann auch zunächst den Mord auf Befehl einer Staatsmacht, indem er ausführte: *„Diese besonderen Umstände staatlich befohlener Verbrechen befreien die Tatbeteiligten keineswegs von der strafrechtlichen Schuld. Jede staatliche Gemeinschaft darf und muß verlangen, daß sich jedermann von Verbrechen, auch von unter Mißbrauch staatlicher Befugnisse geforderten, bedingungslos fernhält ... Daran ist auch für den Bereich verbrecherischer Regime festzuhalten. Unter besonderen Umständen mögen staatliche Verbrechensbefehle allerdings Strafmilderungsgründe abgeben. Wer aber*

---

17 BGHSt 8, S. 293.
18 Vgl. Müller, a. a. O., S. 253.
19 BGHSt 18, S. 88.
20 Müller, a. a. O., S. 253.

politischer Mordhetze willig nachgibt, sein Gewissen zum Schweigen bringt und fremde verbrecherische Ziele zur Grundlage eigener Überzeugung und eigenen Handelns macht und wer in seinem Dienst- oder Einflußbereich dafür sorgt, daß solche Befehle rückhaltlos vollzogen werden, oder wer dabei anderweitig einverständlichen Eifer zeigt oder solchen staatlichen Mordterror für eigene Zwecke ausnutzt, kann sich deshalb nicht darauf berufen, nur Tatgehilfe seiner Auftraggeber zu sein... Er ist regelmäßig Täter."[21]

Nach diesen Ausführungen machte der BGH eine Drehung um 180 Grad und lieferte in Überdehnung der subjektiven Teilnahmetheorie ein Begründungsmuster, Täter als Gehilfen zu verurteilen, das maßgeschneidert für kommende NS-Prozesse war: *„Anders kann es rechtlich jedoch bei denen liegen, die solche Verbrechensbefehle mißbilligen und ihnen widerstreben, sie aber gleichwohl aus menschlicher Schwäche ausführen, weil sie der Übermacht der Staatsautorität nicht gewachsen sind und ihr nachgeben, weil sie den Mut zum Widerstand oder die Intelligenz zur wirksamen Ausflucht nicht aufbringen, sei es auch, daß sie ihr Gewissen vorübergehend durch politische Parolen zu beschwichtigen und sich vor sich selber zu rechtfertigen suchen. Es besteht kein hinreichender rechtlicher Grund, solche Menschen ausnahmslos und zwangsläufig von vornherein schon in der Beteiligungsform dem Taturheber, dem bedenkenlosen Überzeugungstäter und dem überzeugten, willigen Befehlsempfänger gleichzusetzen.*"[22]

Obwohl Staschynskij den gesamten Tatbestand eigenhändig verwirklicht hatte, wurde er aufgrund obiger Ausführungen vom Gericht als Gehilfe verurteilt und nicht als Täter. Als Taturheber wurden die sowjetischen „höchsten Stellen" vom Gericht angesehen, die als mittelbare Täter handelten, da sie den Auftrag für die Attentate gaben und deren wesentliche Merkmale (Opfer, Waffe, Tatzeiten, Tatorte usw.) festlegten. Zur Begründung der Verurteilung Staschynskijs als Gehilfe führte das Gericht weiter aus: *„Gehilfe ist, beim Morde wie bei allen anderen Straftaten, wer die Tat nicht als eigene begeht, sondern nur als Werkzeug oder Hilfsperson bei fremder Tat mitwirkt. Maßgebend dafür ist die innere Haltung zur Tat.*"[23] Das Gericht stellte also zur Differenzierung zwischen Täterschaft und Teilnahme die Frage nach der subjektiven Willensrichtung in den Mittelpunkt. Demzufolge könne auch der bloßer Gehilfe sein, der alle Tatbestandsmerkmale selber erfüllt.

Das Gericht rechnete Staschynkij positiv zu, dass er keinen eigenen Täterwillen an der Tat gehabt habe. Er habe sich fremdem Täterwillen nur widerstrebend

---

21 BGHSt 18, S. 94.
22 BGHSt 18, S. 94 f.
23 Ebd., S. 89 f.

gebeugt und sich wider sein Gewissen der Autorität seiner damaligen politischen Führung unterworfen. Schließlich sei die Tatausführung in keinem wesentlichen Punkt von Staschynskij bestimmt worden, da sämtliche Einzelheiten des Ob und Wie der Tat von seinen Auftraggebern bestimmt worden seien. Aus diesen Gründen wurde Staschynskij vom BGH als Gehilfe verurteilt.

Dieses Grundsatzurteil bot den Schwurgerichten der Landgerichte ein perfektes Muster zur Verurteilung von NS-Gewaltverbrechern – und somit auch der Einsatzgruppenverbrecher – als Gehilfen. Statt langatmiger Begründungen brauchten die Gerichte nur noch auf die „Haupttäter-Formel" des Staschynskij-Urteils des BGH zu verweisen, was sie auch, wie aus meiner Urteilsanalyse ersichtlich, ausgiebig taten.

3.3 Ergänzung der subjektiven Abgrenzungstheorie unter Berücksichtigung des Tatherrschaftswillens

Das Staschynskij-Urteil des BGH zog in der juristischen Literatur eine Reihe von Stellungnahmen nach sich. So äußerte sich auch Jürgen Baumann, der selbst Verfechter der subjektiven Abgrenzungstheorie ist, in der NJW zu dem Urteil des BGH.[24] In Ergänzung der subjektiven Theorie des BGH, die die innere Haltung zur Tat in den Mittelpunkt zur Ermittlung ob jemand als Täter oder Gehilfe gehandelt hat, stellt, will Baumann den Tatherrschaftswillen berücksichtigt wissen. Bei der subjektiven Abgrenzungstheorie müssen nach Baumann sowohl die Interessen-Theorie, d. h. die Abgrenzung nach dem eigenen Interesse des Handelnden am Taterfolg, als auch das Kriterium des Tatherrschaftswillens berücksichtigt werden.[25] In dem zusätzlichen Kriterium des Willens zur Tatherrschaft sieht Baumann eine Verbesserung gegenüber der subjektiven Abgrenzungstheorie, die als bloße Interessentheorie z. B. im „Badewannen-Fall" angewandt wurde. In diesem Fall hatte die tötende Schwester vielleicht kein eigenes Interesse am Taterfolg, wohl aber hatte sie den Willen zur Tatherrschaft, den animus auctoris.[26] Bei einer Anwendung der ausschließlichen Interessentheorie im Rahmen der subjektiven Abgrenzung ergeben sich dann Schwierigkeiten, „wo das Interesse entweder ein altruistisches oder ein nicht im Bereich der Tat liegendes ist."[27] Ein nicht im Bereich der Tat liegendes Interesse ist z. B. das Interesse des Handelnden, sich selbst

---

24 Jürgen Baumann, Beihilfe bei eigenhändiger voller Tatbestandserfüllung, in: NJW Heft 13, 1963, S. 561 ff.
25 Ebd., S. 563.
26 Ebd., S. 563.
27 Ebd., S. 564.

und seine Familie zu schützen oder ein generelles Lebenserhaltungsinteresse. Bei einer altruistisch motivierten Tat, sowie bei einer aus Lebensinteresse des Handelnden gebotenen Tat versagt nach Baumann die bloße Interessentheorie. Ziehe man nun das Kriterium des Tatherrschaftswillens hinzu, verhindere ein altruistisches Motiv nicht die Verurteilung als Täter, wenn der Ausführende den Willen zur Tatherrschaft hatte.

Demgegenüber wäre der Ausführende dann nicht Täter, wenn er aus Lebensinteresse und unter starkem Druck gehandelt hat und die Tatausführung nicht beherrschen wollte. Er habe in diesem Falle lediglich eine Nebenrolle inne, und in der Rolle des mittelbaren Täters stehe der Nötigende, der den Willen zur Tatherrschaft hatte. Den Willen zur Tatherrschaft zu haben bedeutet, die Tatausführung hinsichtlich ihres Gesamterfolges hemmen oder ablaufen lassen können zu wollen, d. h. das Tatgeschehen in den Händen halten zu wollen.

Bezogen auf die Einsatzgruppenverbrecher ist zu sagen, dass ein solcher Tatherrschaftswille auch bei einem niederen Befehlsempfänger vorhanden sein kann. Identifiziert sich dieser stark mit dem System oder verfolgt eigene Sonderinteressen mit seinem Tatbeitrag, so verliert nach Baumann der Zwangscharakter des Befehls seine Wirkung.[28]

Tatherrschaftswille und Interesse am Taterfolg können auf allen Ebenen der Mordorganisation entwickelt werden. Sowohl der einzelne Schütze eines Erschießungskommandos als auch die Vorgesetzten können Interesse am Taterfolg gehabt haben, z. B. aus persönlicher Profilierungssucht. Sie können ebenso einen Tatherrschaftswillen in Form von Übereinstimmung mit dem System gezeigt haben. „Die Stärke ihres verbrecherischen Willens macht sie zu Tätern."[29] Baumann sieht den Vorteil in der Anwendung der kombinierten Interessen- und Tatherrschaftswillenstheorie innerhalb der subjektiven Abgrenzungstheorie darin, dass der Täter nach seiner eigenen verbrecherischen Energie bewertet wird.

4. Kritik an der subjektiven Abgrenzungstheorie

Die materiell-objektive Theorie, die sich am Nachweis der Tatherrschaft orientiert, wird von den Vertretern der subjektiven Teilnahmelehre hauptsächlich mit dem Argument angegriffen, sie vergröbere in ungerechter Weise die konkreten Tatumstände, weil sie weder den psychologischen Gegebenheiten noch den Zwängen der Tatbeteiligten Rechnung tragen könne, so dass keine Unterscheidung zwischen willigen und widerstrebenden Befehlsempfängern möglich sei, wie sie vom BGH

---

28 Vgl. Baumann, a. a. O., S. 564.
29 Ebd., S. 565.

z. B. im Staschynskij-Urteil vorgenommen wird. Eine Kritik der subjektiven Theorie lässt sich vornehmlich mit dem Argument führen, dass die Berücksichtigung subjektiver Momente beim Tathergang nicht bei der Frage der Teilnehmerbestimmung entscheidend sein darf. Diese subjektiven Kriterien fallen vielmehr in den Bereich der Strafzumessung. Andernfalls wäre die Entscheidung, ob jemand als Täter oder Gehilfe gehandelt hat, vollständig in das Ermessen des Gerichts gestellt, weil sich für objektiv gleiche Sachverhalte durch subjektiv orientierte Sachverhaltswürdigung beliebige Bewertungsmöglichkeiten finden ließen. Der Rechtsprechung wäre somit die Möglichkeit gegeben, „... Täterschaft und Teilnahme zu beliebig austauschbaren Begriffen zu machen, wenn dies zur Durchsetzung einer anders nicht erreichbaren Strafmilderung für gewünscht gehalten würde."[30]

Zu der vom BGH vertretenen subjektiven Teilnahmetheorie entwickelten sich in juristischen Fachkreisen nur vereinzelt Gegenpositionen. Eine davon wird von Claus Roxin vertreten. Nach seiner Auffassung bietet die subjektive Theorie des BGH, die auf die innere Einstellung des Handelnden zur Tat abstellt, wenigstens drei Gründe, die zu deren Ablehnung geltend gemacht werden können[31]:

(1) Das positive Gesetz
Der BGH legt bei seiner Unterscheidung zwischen Tätern und Gehilfen die Gesinnung und den Charakter des Handelnden zugrunde. Dies wird von Roxin für problematisch erachtet, da diese Merkmale sich beim eigentlichen Tatablauf nicht im Geringsten auswirken. „Es sind also vom äußeren Handlungsvorgang ganz abgelöste Schuld- und Strafzumessungserwägungen, die der BGH auf diese Weise in die Teilnahmelehre hineininterpretiert."[32] Bei der Vorgehensweise des BGH sieht Roxin die Gefahr, dass die Teilnahmeformen „in eine Art gesetzlich nicht vorgesehener >mildernder Umstände<"[33] umgedeutet werden. Vielmehr sei an der Abgrenzung nach der realen Tatnähe festzuhalten, was sich schon aus dem Wortlaut des Gesetzes ergibt:
Mittäterschaft > Gemeinschaftliches Ausführen
Anstiftung > Bestimmen zur Tat
Beihilfe > Wissentliches Hilfeleisten
Diese Definitionen dürfen nach Roxin nicht durch eine Beurteilung der Persönlichkeit des Beschuldigten ersetzt werden. Das Bedürfnis nach einer – gesetzlich

---

30 Johannes Wessels, Strafrecht, Allgemeiner Teil, Heidelberg 1991, S. 152.
31 Claus Roxin, Straftaten im Rahmen organisatorischer Machtapparate, in: Goltdamer Archiv 1963, S. 193 ff.
32 Ebd., S. 194 f.
33 Ebd., S. 195.

nicht vorgesehenen – Reduzierung des Strafmaßes schafft keine Rechtfertigung für die Annahme von Beihilfe. Roxin sieht in dieser Betrachtungsweise eine Umkehr von Grund und Folge und einen wesentlichen Fehler der Teilnahmejudikatur.

Stattdessen ist auch in den Fällen von „staatlich anbefohlenen" Morden von der Tatnähe auszugehen. Der unmittelbar und allein verantwortlich Handelnde ist danach als Täter anzusehen.

(2) Das Erfordernis der Rechtssicherheit

Die Beurteilung einer Tat muss sich aus der Bewertung des konkreten Handlungsvollzugs ergeben. Das Verhalten oder die Gesinnung nach der Tat (z. B. Sühne und Gewissen) darf nach Roxin nicht zur Beurteilung der Tat herangezogen werden. „Auch bei den Verbrechen der NS-Zeit nämlich... kann die nach so vielen Jahren sicherlich oft und ehrlich vollzogene Gesinnungsänderung keinen Grund abgeben, ein Verhalten nachträglich als Beihilfe zu qualifizieren."[34] Durch eine Berufung auf die Änderung der Einstellung könnte jeder Mord als Beihilfe eingestuft werden, und es würde sich eine erhebliche Rechtsunsicherheit ergeben.

(3) Die Aufgabenverteilung zwischen Norm und Richterspruch

Durch die zunehmende Tendenz der Rechtsprechung, die Teilnahmelehre in den rechtsfreien Raum zu verlagern, sieht Roxin die Aufgabenverteilung zwischen Norm und Richterspruch gefährdet. Durch die Wertung einer Tat als eine „eigene" oder als eine „fremde" durch den Richter, wird die Entscheidung, ob jemand als Täter oder als Gehilfe gehandelt hat, „in mehr oder weniger unüberprüfbarer Weise dem individuellen Werturteil des Richters"[35] unterstellt. Dadurch verliere die Abgrenzung der Teilnahmeform ihren objektiven Halt im Gesetz. Ob jemand Täter oder Gehilfe ist, solle allerdings nicht der subjektiven Einschätzung des einzelnen Richters überlassen bleiben, sondern allein nach den objektiven Maßstäben des Gesetzes entschieden werden. „Danach ist der vorsätzlich und ungenötigt eigenhändig die Tat Ausführende immer Täter"[36], was auch für die NS-Gewaltverbrecher zu gelten hat.

---

34 Roxin, a. a. O., S. 196.
35 Roxin, a. a. O., S. 197.
36 Ebd., S. 197.

VI Schlussbetrachtung

Die in meiner Analyse mehrfach belegte Feststellung, dass Einsatzgruppenverbrecher von den Gerichten milde bestraft worden sind und als NS-Täter gegenüber anderen Tätergruppen, den sogenannten „normalen Kriminellen" privilegiert wurden, korrespondiert mit der gesamtgesellschaftlichen Tendenz, damals und auch noch heute, die Zeit des Nationalsozialismus und die Schreckenstaten, die innerhalb dieses totalitären Systems begangen wurden, zu verdrängen.

Dankbar wurde von der Mehrzahl der Gerichte die subjektive Teilnahmetheorie aufgegriffen, die in ihrer Unbestimmtheit eine relativ beliebige Verfügbarkeit der Rechtsfiguren von Täterschaft und Beihilfe ermöglichte. Das Studium der Urteilsbegründungen lässt erkennen, dass alte Strukturen des Nationalsozialismus m die Bundesrepublik herübertransportiert worden sind. Sekundärtugenden, wie Anstand, korrektes Verhalten der Angeklagten während der Verhandlungen und pflichtgemäße Erfüllung von Befehlen werden von den Richtern als entlastende Momente herangezogen, obwohl gerade diese Tugenden zur reibungslosen Funktion des nationalsozialistischen Systems beigetragen haben. Die Art und Weise, wie die Richter den konkreten Sachverhalt analysierten und unter die gesetzlichen Bestimmungen subsumierten, verdeutlicht, wie die Geschehnisse während der Zeit der nationalsozialistischen Herrschaft eingeschätzt und auf die tatsächlichen Verhältnisse projiziert wurden. In den Urteilen wird ein Bild des NS-Staates gezeichnet, der von einer kleinen Elite, vornehmlich den „Haupttätern" Hitler, Himmler und Heydrich, beherrscht wurde. Dieser Elite sei es gelungen, die Massen mitzureißen, und sie als willenlose und fremdgesteuerte Statisten zu den in der vorliegenden Arbeit beschriebenen Gräueltaten zu bewegen. Die Richter nahmen dadurch eine Exkulpation eines ganzen Volkes vor, qua Abschiebung der Verantwortlichkeit auf einen totalitären Staatsapparat. Bei dieser Betrachtungsweise ist es kaum verwunderlich, dass die Richter die Möglichkeiten, die ihnen die Anwendung der subjektiven Abgrenzungstheorie bot, in völliger Überdehnung ausschöpften. Dennoch hätte es selbst die subjektive Theorie in einer engeren Auslegung zugelassen, die Schuldigen als Täter und nicht beinahe ausnahmslos als Gehilfen zu verurteilen. Sollte doch die innere Einstellung des Beteiligten zur Tat unter Wertung aller Umstände, die zur Tat führten und diese begleiteten, ermittelt werden. Die Gerichte hätten folglich das Verhalten der Angeklagten vor und während der Exekutionen, eventuell vorliegende Profilierungssucht, besonderen Eifer bei der Durchführung der Mordaktionen usw. konsequenter auslegen müssen, um zu gerechten Urteilen zu kommen. Stattdessen beschränkten sie sich darauf, den Beschuldigten ein inneres Widerstreben bei der Ausführung ihrer Taten zu unterstellen, und versuchten dadurch ihre Gehilfenrechtsprechung zu rechtfertigen.

Eine konsequentere Anwendung der subjektiven Abgrenzungstheorie hätte im Falle der Einsatzgruppenverbrecher unweigerlich zu mehr Täterschaftsverurteilungen geführt.

VII Anhang

1. Abkürzungsverzeichnis

a. a. O.	am angegebenen Ort
a. d.	an der
a. F.	alte Fassung
Anm.	Anmerkung
AOK	Armeeoberkommando
Art.	Artikel
AZ	Aktenzeichen
Bd.	Band
BGH	Bundesgerichtshof
BGHSt.	Entscheidungen des Bundesgerichtshofes in Strafsachen
bzw.	beziehungsweise
cm	Zentimeter
d.	des
ders.	derselbe
d. h.	das heißt
Dr.	Doktor
Ebd.	ebenda
EG	Einsatzgruppe
Egr.	Einsatzgruppe
EK	Einsatzkommando
f.	folgende Seite
ff.	folgenden Seiten
Gestapo	Geheime Staatspolizei
H.	Heft
Hrsg.	Herausgeber
IMT	Internationales Militär-Tribunal
JR	Juristische Rundschau
JZ	Juristenzeitung
Kap.	Kapitel
KdS	Kommandeur der Sicherheitspolizei und des SD
Kripo	Kriminalpolizei
Ks	Registerzeichen von Strafsachen vor dem Schwurgericht
KZ	Konzentrationslager
lat.	lateinisch

lfd.	laufende
LG	Landgericht
MDR	Monatsschrift für deutsches Recht
m. E.	meines Erachtens
MStGB	Militärstrafgesetzbuch
NJW	Neue Juristische Wochenschrift
Nr.	Nummer
NS	Nationalsozialismus, nationalsozialistisch
OKH	Oberkommando des Heeres
Orpo	Ordnungspolizei
reit.Abtlg.	reitende Abteilung
RFSS	Reichsführer der Schutzstaffel
RG	Reichsgericht
RGSt.	Entscheidungen des Reichsgerichts in Strafsachen
Rgt.	Regiment
RSHA	Reichssicherheitshauptamt
s.	Seite, siehe
SD	Sicherheitsdienst
Sipo	Sicherheitspolizei
SK	Sonderkommando
SS	Schutzstaffel
StGB	Strafgesetzbuch
u. a.	und andere
usw.	und so weiter
V.	von, vom
Verf.	Verfasser
vgl.	vergleiche
z. B.	zum Beispiel
ZfG	Zeitschrift für Geschichtswissenschaften

2. Quellen- und Literaturverzeichnis

Amtsblatt des Kontrollrats in Deutschland

Arndt, A., Zu den Einsatzgruppenprozessen, NJW 1964, s. 486 ff

Adorno, Theodor W., Was bedeutet Aufarbeitung der Vergangenheit, in: ders., Eingriffe, Frankfurt am Main 1963

Artzt, Heinz, Mörder in Uniform, München 1979, BGHSt. 8, 393, BGHSt. 18, 87

Fritz Baade u. a. (Hrsg.), Unsere Ehre heißt Treue, Kriegstagebuch des Kommandostabes RFSS, Wien-Frankfurt-Zürich 1965

Bauer, Fritz, In unserem Namen – Justiz und Strafvollzug, in: Hanunerschmidt, Helmut (Hrsg.), Zwanzig Jahre danach – Eine deutsche Bilanz 1945–1965, München/Wien/Basel 1965

Baumann, Jürgen, Beihilfe bei eigener voller Tatbestandserfüllung, NJW, S. 561 ff

–, Justiz und Politik, JZ 1961, S. 18 ff

–, Streitbare Demokratie, MDR 1963, S. 87 ff

–, Die Tatherrschaft in der Rechtsprechung des BGH, NJW 1962, S. 374 ff

–, Rechtmäßigkeit von Mordgeboten?, NJW 1964, S. 1398

Broszat, Martin, Juristische und zeitgeschichtliche Bewältigung der Vergangenheit, in: ders., Nach Hitler: Der schwierige Umgang mit unserer Geschichte, München 1986

–, Nationalsozialistische Polenpolitik 1939–1945, Stuttgart 1961

–, Siegerjustiz oder Strafrechtliche „Selbstreinigung", in: Vierteljahreshefte für Zeitgeschichte, Heft 4/1981

Buchheim, Hans, Die SS–das Herrschaftsinstrument, in: Anatomie des SS-Staates, Bd. 1, München 1989

–, Befehl und Gehorsam, in: ebd.

C.F. Rüter, u. a. (Hrsg.), Justiz und NS-Verbrechen – Sammlung deutscher Strafurteile wegen nationalsozialistischer Tötungsverbrechen 1945–1966, Amsterdam 1968–1981

Dallin, Alexander, Deutsche Herrschaft in Russland 1941–1945, Düsseldorf 1958

Dreher, Eduard, Strafgesetzbuch mit Erläuterungen, München 1975

Forster, Karl (Hrsg.), Möglichkeiten und Grenzen für die Bewältigung historischer und politischer Schuld in Strafprozessen, Würzburg 1962

Friedrich, Jörg, Die kalte Amnestie – NS-Täter in der Bundesrepublik, Frankfurt am Main 1985

Giordano, Ralph, Die zweite Schuld oder Von der Last Deutscher zu sein, München 1990

Hartung, Fritz, Der Badewannen-Fall, JZ 1954, S. 430 f

Henkys, Reinhard, Die nationalsozialistischen Gewaltverbrechen, Stuttgart/Berlin 1964

Hillermann, Horst, Schoeps, Julius H., (Hrsg.), Justiz und Nationalsozialismus, Stuttgart/Bonn 1987

Hinrichsen, Kurt, „Befehlsnotstand", in: Rückerl, Adalbert, NS-Prozesse, Karlsruhe 1971

Hirsch, Martin, u. a. (Hrsg.), Politik als Verbrechen 40 Jahre „Nürnberger Prozesse", Hamburg 1986

Höhne, Heinz, Der Orden unter dem Totenkopf. Die Geschichte der SS, Bindlach 1990

Jacobsen, Hans-Adolf, Kommissarbefehl, in: Anatomie des SS-Staates, Bd. 2, München 1989

Jäger, Herbert, Verbrechen unter totalitärer Herrschaft, Frankfurt am Main 1982

–, Strafrecht und nationalsozialistische Gewaltverbrechen, in: Kritische Justiz 1968, S. 143 ff

Just-Dahlmann, Barbara und Just, Helmut, Die Gehilfen NS-Verbrechen und die Justiz nach 1945, Frankfurt am Main 1988

Kempner, Robert M.W., SS im Kreuzverhör – Die Elite, die Europa in Scherben brach, Hamburg 1991

Klee, Ernst, Was sie taten – Was sie wurden – Ärzte, Juristen und andere Beteiligte am Kranken- oder Judenmord, Frankfurt am Main 1990

–./*Dreßen, Willi*, Gott mit uns – Der deutsche Vernichtungskrieg im Osten 1939–1945, Frankfurt am Main 1989

Kogon, Langbein, Rückerl, Nationalsozialistische Massentötung durch Giftgas, Frankfurt am Main 1983

Korn, H.J., Täterschaft und Teilnahme bei staatlich organisierten Verbrechen, NJW 1965, S. 1206 ff

Krausnick, Helmut, Hitler und die Morde in Polen, in: Vierteljahreshefte für Zeitgeschichte 1963, S. 196 ff

–,/*Wilhelm, Hans-Heinrich*, Hitlers Einsatzgruppen Die Truppen des Weltanschauungskrieges 1938–1942, Stuttgart 1981

Kruse, Falko, NS-Prozesse und Restauration; Kritische Justiz H2 1978, S. 109 ff

–, Zweierlei Maß für NS-Täter?, Kritische Justiz H3 1978, S. 236 ff

Leszcynski, Kazimierz (Hrsg.), Fall 9 – Das Urteil im Einsatzgruppenprozess, Berlin (Ost) 1963

Lichtenstein, Heiner, Himmlers grüne Helfer – Die Schutz- und Ordnungspolizei im „Dritten Reich", Köln 1990

Maurach, Reinhardt, Deutsches Strafrecht, Allgemeiner Teil, Karlsruhe 1974

Mitscherlich, Alexander und Margarete, Die Unfähigkeit zu trauern, München 1991

Moritz, Erhard/Kern, Wolfgang, Aggression und Terror. Zur Zusammenarbeit der faschistischen deutschen Wehrmacht und den Einsatzgruppen, in: ZfG 1974, S. 1314 ff

Müller, Ingo, Furchtbare Juristen – Die unbewältigte Vergangenheit unserer Justiz, München 1987

Oppitz, Ulrich Dieter, Strafverfahren und Strafvollstreckung bei NS-Gewaltverbrechen, Ulm 1979

Ramme, Alwin, Der Sicherheitsdienst der SS. Zu seiner Funktion im faschistischen Machtapparat und im Besatzungsregime des sogenannten Generalgouvernements Polen, Berlin Ost 1970

Ratz, Michael, Die Justiz und die Nationalsozialisten – Zur Strafverfolgung von Nazismus und Neonazismus seit 1945, Frankfurt am Main 1979

RGSt. 74, 84

Räder, Werner (Hrsg.), Sonderfahndungsliste UDSSR des Chefs der Sicherheitspolizei und des SD, das Fahndungsbuch der deutschen Einsatzgruppen im Russlandfeldzug 1941, Erlangen 1976

Roesen, A., Rechtsfragen der Einsatzgruppenprozesse, NJW 1964, S. 133 u. S. 1111

Roxin, Claus, Täterschaft und Tatherrschaft (Hamburger Rechtsstudien H. 50, Hamburg 1963

–, Straftaten im Rahmen organisatorischer Machtapparate, Goltdamer Archiv 1963, S. 193 ff

Rückerl, Adalbert, NS-Verbrechen vor Gericht, Heidelberg 1984

–, NS-Prozesse: Warum erst heute? – Warum noch heute? – Wie lange noch?, in: ders., (Hrsg.), NS-Prozesse, Karlsruhe 1971

Schneider, Peter und Meyer, Hermann J., Rechtliche und politische Aspekte der NS-Verbrecherprozesse, Mainz 1968

Schüle, Erwin, Die Zentrale Stelle der Landesjustizverwaltungen..., JZ 1962, S. 241 ff

Söllner, Alfons (Hrsg.), Zur Archäologie der Demokratie in Deutschland, Bd. 1: 1943–1945, Frankfurt am Main 1982

Steinbach, Peter, Nationalsozialistische Gewaltverbrechen – Die Diskussion in der Öffentlichkeit, Berlin 1981

–,/*Weber, Jürgen* (Hrsg.), Vergangenheitsbewältigung durch Strafverfahren? NS-Prozesse in der BRD, München 1984

Streim, Alfred, Zum Beispiel: Die Verbrechen der Einsatzgruppen in der Sowjetunion, in: Rückerl, Adalbert (Hrsg.), NS-Prozesse, Karlsruhe 1971

Taylor, Telford, Die Nürnberger Prozesse, Zürich 1950

Verhandlungen des 46. Deutschen Juristentages, „Probleme der Verfolgung und Ahndung von nationalsozialistischen Gewaltverbrechen", Bd. 2, München/ Berlin 1967

Wassermann, Robert, Die Prozesse gegen die nationalsozialistischen Gewaltverbrecher, JR 1964, S. 16 ff

Weber, v.H., Die strafrechtliche Verantwortlichkeit für Handeln auf Befehl, MDR 1948, S. 34 ff

Wilkens, Erwin, NS-Verbrechen, Strafjustiz, Deutsche Selbstbesinnung, Berlin 1964

Beiträge zur Aufarbeitung der NS-Herrschaft

Herausgegeben von Joachim Perels

www.peterlang.com